DISCLAIMER

The author and publisher are providing this book and its contents on an "as is" basis and make no representations or warranties of any kind with respect to this book or its contents. The author and publisher disclaim all such representations and warranties, including but not limited to warranties of merchantability. In addition, the author and publisher do not represent or warrant that the information accessible via this book is accurate, complete, or current.

Except as specifically stated in this book, neither the author nor publisher, nor any authors, contributors, or other representatives will be liable for damages arising out of or in connection with the use of this book. This is a comprehensive limitation of liability that applies to all damages of any kind, including (without limitation) compensatory; direct, indirect, or consequential damages; loss of data, income, or profit; loss of or damage to property; and claims of third parties.

BESTACTIVITYBOOKS.COM

FIRST EDITION - Published 2022

Extra Graphic Material From: www.freepik.com
Thanks to: Alekksall, Starline, Pch.vector, Rawpixel.com, Vectorpocket, Dgim-studio, Upklyak, Macrovector, Stockgiu, Pikisuperstar & Freepik.com Designers

This Book Comes With Free Bonus Puzzles

Available Here:

BestActivityBooks.com/WSBONUS20

5 TIPS TO START!

1) HOW TO SOLVE

The Puzzles are in a Classic Format:

- Words are hidden without breaks (no spaces, dashes, ...)
- Orientation: Forward & Backward, Up & Down or in Diagonal (can be in both directions)
- Words can overlap or cross each other

2) ACTIVE LEARNING

To encourage learning actively, a space is provided next to each word to write down the translation. The **DICTIONARY** allows you to verify and expand your knowledge. You can look up and write down each translation, find the words in the Puzzle then add them to your vocabulary!

3) TAG YOUR WORDS

Have you tried using a tag system? For example, you could mark the words which have been difficult to find with a cross, the ones you loved with a star, new words with a triangle, rare words with a diamond and so on...

4) ORGANIZE YOUR LEARNING

We also offer a convenient **NOTEBOOK** at the end of this edition. Whether on vacation, travelling or at home, you can easily organize your new knowledge without needing a second notebook!

5) FINISHED?

Go to the bonus section: **MONSTER CHALLENGE** to find a free game offered at the end of this edition!

Want more fun and learning activities? It's Fast and Simple!
An entire Game Book Collection just one click away!

Find your next challenge at:

BestActivityBooks.com/MyNextWordSearch

Ready, Set... Go!

Did you know there are around 7,000 different languages in the world? Words are precious.

We love languages and have been working hard to make the highest quality books for you. Our ingredients?

A selection of indispensable learning themes, three big slices of fun, then we add a spoonful of difficult words and a pinch of rare ones. We serve them up with care and a maximum of delight so you can solve the best word games and have fun learning!

Your feedback is essential. You can be an active participant in the success of this book by leaving us a review. Tell us what you liked most in this edition!

Here is a short link which will take you to your order page.

BestBooksActivity.com/Review50

Thanks for your help and enjoy the Game!

Linguas Classics Team

1 - Antiques

K	D	E	B	C	T	L	V	F	V	I	K	O	M	U	Y
E	E	O	J	Y	A	T	E	S	U	T	I	O	J	I	S
N	D	R	M	D	W	V	I	Z	O	Y	L	V	G	H	Ä
T	I	O	Ä	M	S	F	S	O	S	I	Y	P	A	E	K
I	A	T	N	I	H	U	T	I	I	Y	Y	S	L	G	I
S	T	V	K	J	L	C	O	S	S	P	T	V	L	Q	L
Ö	B	L	P	M	Q	I	S	I	A	T	Y	C	E	S	Y
I	I	D	K	S	Y	L	J	S	T	H	T	T	R	G	Y
N	C	E	B	Q	H	K	Y	Ä	A	T	N	H	I	G	T
T	A	P	P	U	A	K	O	T	U	U	H	A	A	O	A
I	L	A	A	T	U	G	T	L	E	R	T	H	V	C	S
A	Y	O	T	P	Y	K	I	S	I	O	L	B	Q	W	Y
P	H	U	O	N	E	K	A	L	U	K	A	R	V	O	Y
S	C	N	Y	G	F	G	R	P	R	H	O	H	T	A	Y
D	Y	C	N	E	N	I	L	L	A	V	A	T	Ä	P	E
N	K	O	R	I	S	T	E	K	J	W	T	O	L	O	A

TAIDE
HUUTOKAUPPA
AITO
VUOSISATA
KOLIKOT
KERÄILIJÄ
KORISTE
TYYLIKÄS
HUONEKALU
GALLERIA
SIJOITUS
KORUT
VANHA
HINTA
LAATU
ENTISÖINTI
VEISTOS
TYYLI
EPÄTAVALLINEN
ARVO

2 - Food #1

Y	V	F	U	W	S	V	P	S	I	T	R	U	U	N	A
S	I	P	U	L	I	F	Ä	V	M	J	K	H	Q	T	L
S	T	O	K	S	Y	M	Ä	I	T	R	G	Y	Ä	R	Q
O	A	M	T	R	W	N	R	K	K	S	I	F	N	U	T
T	L	L	O	H	R	A	Y	R	A	J	L	N	I	S	J
S	O	Z	A	Y	N	Z	N	I	N	V	U	A	K	J	Y
L	U	R	D	A	D	L	Ä	S	E	E	P	U	H	F	M
L	S	J	T	F	T	R	Q	S	L	J	I	R	Ä	Z	Y
F	A	M	E	H	U	T	U	U	I	P	S	I	P	S	L
A	K	M	A	I	T	O	I	P	F	O	O	S	A	H	M
P	I	N	A	A	T	T	I	P	C	R	K	E	A	F	L
A	L	S	O	K	E	R	I	E	N	K	L	L	M	C	V
Y	I	S	O	O	K	I	R	P	A	K	A	P	D	K	U
Q	S	A	G	P	Y	J	D	R	Y	A	V	G	Q	E	Y
C	A	K	K	I	S	N	A	M	N	N	T	C	Z	I	R
P	B	T	T	S	G	H	E	S	W	A	P	L	M	G	N

APRIKOOSI
OHRA
BASILIKA
PORKKANA
KANELI
VALKOSIPULI
MEHU
SITRUUNA
MAITO
SIPULI

MAAPÄHKINÄ
PÄÄRYNÄ
SALAATTI
SUOLA
SUPPE
PINAATTI
MANSIKKA
SOKERI
TUNFISK
NAURIS

3 - Measurements

E	B	M	C	F	D	M	T	F	D	T	L	I	T	R	A
S	U	E	K	R	O	K	I	O	V	B	U	E	J	Z	M
Q	E	T	Z	C	E	E	L	D	H	W	O	U	F	I	M
P	G	N	B	Q	C	W	A	S	S	A	M	S	M	L	A
E	A	C	T	K	Q	K	V	L	L	M	M	Y	Z	A	R
M	S	I	S	T	S	K	U	A	E	M	I	V	G	A	G
O	Q	R	N	G	I	A	U	S	V	A	N	Y	Y	M	O
C	R	A	M	O	N	M	S	T	E	R	U	Y	P	I	L
D	P	T	F	H	N	M	E	E	Y	G	U	S	A	S	I
N	I	T	T	E	O	K	J	T	S	R	T	M	I	E	K
S	T	I	O	J	T	V	K	M	R	B	T	U	Y	D	J
Z	U	M	K	G	Z	I	R	M	O	I	I	N	Y	B	B
I	U	K	I	L	O	M	E	T	R	I	S	S	S	P	C
K	S	Y	M	M	N	Y	Z	N	Q	R	P	S	G	N	J
T	A	V	U	G	K	U	J	W	P	F	P	I	I	S	C
P	M	H	G	Q	T	V	S	C	T	E	U	L	H	A	R

TAVU
SENTTIMETRI
DESIMAALI
ASTE
SYVYYS
GRAMMA
KORKEUS
TUUMA
KILOGRAMMA
KILOMETRI
PITUUS
LITRA
MASSA
MITTARI
MINUUTTI
UNSSI
TONNI
TILAVUUS
PAINO
LEVEYS

4 - Farm #2

V	N	L	W	F	E	H	P	G	Q	B	R	K	N	Y	W
N	I	I	S	S	I	A	M	T	L	Z	Z	U	K	C	U
S	R	L	I	C	R	J	W	M	L	T	K	N	O	A	G
R	P	Y	J	T	L	B	F	H	K	H	V	F	G	K	P
U	R	T	Y	E	T	T	R	A	K	T	O	R	I	O	A
M	A	I	T	O	L	Y	B	H	N	T	T	T	V	H	S
K	M	S	W	F	G	I	N	E	D	T	A	T	R	R	T
A	A	U	Y	D	J	G	J	I	L	U	L	C	Z	A	I
S	A	M	M	A	L	Q	R	Ä	M	S	P	Y	S	G	R
T	L	U	V	H	E	D	E	L	M	Ä	T	A	R	H	A
E	H	E	D	E	L	M	Ä	O	P	E	F	N	U	Q	K
L	T	U	U	L	I	M	Y	L	L	Y	R	R	W	Z	R
U	B	V	E	H	N	Ä	V	I	H	A	N	N	E	S	Z
H	W	D	M	K	H	I	L	B	M	S	O	F	C	T	R
E	L	Ä	I	M	E	T	A	N	K	K	A	J	E	E	V
E	P	A	I	M	E	N	G	C	Z	Y	Y	M	I	M	P

ELÄIMET
OHRA
LATO
MAISSI
ANKKA
VILJELIJÄ
RUOKA
HEDELMÄ
KASTELU
KARITSA
LAAMA
NIITTY
MAITO
HEDELMÄTARHA
LAMMAS
PAIMEN
TRAKTORI
VIHANNES
VEHNÄ
TUULIMYLLY

5 - Books

H	E	B	I	E	R	S	M	T	E	A	L	N	U	T	K
Y	U	V	I	S	U	L	I	A	K	K	I	E	S	E	O
K	N	M	K	D	F	K	R	R	S	A	R	J	A	K	K
T	E	A	O	R	K	M	Z	I	K	K	R	E	M	I	O
O	N	K	S	R	G	G	K	N	P	D	P	S	T	J	E
B	I	Z	S	A	I	E	L	A	U	V	B	W	I	Ä	L
H	G	U	L	E	V	S	Y	D	L	A	H	Q	S	O	M
U	A	A	K	Z	L	A	T	B	O	Z	J	J	O	H	A
L	A	F	L	Q	R	I	Z	I	L	U	K	I	J	A	K
D	R	Y	E	T	A	O	Ä	E	N	R	U	N	O	U	S
Q	T	J	H	U	D	V	M	S	U	E	L	V	Y	C	T
E	E	P	P	I	N	E	N	A	T	H	N	E	Y	Y	T
K	O	N	T	E	K	S	T	I	A	C	B	R	L	W	Z
S	K	R	I	F	T	L	I	G	Z	N	M	U	L	G	C
R	E	L	E	V	A	A	N	T	I	A	I	N	A	J	H
K	E	R	T	O	J	A	U	Q	W	W	G	O	I	E	N

SEIKKAILU
TEKIJÄ
MERKKI
KOKOELMA
KONTEKSTI
EEPPINEN
HUMORISTINEN
KEKSELIÄS
KERTOJA
ROMAANI
SIVU
RUNO
RUNOUS
LUKIJA
RELEVAANTIA
SARJA
TARINA
TRAAGINEN
SKRIFTLIG

6 - Meditation

N	C	A	O	A	I	P	P	O	R	B	Q	P	K	L	Y
Ä	D	F	J	J	M	Y	D	C	F	O	B	F	G	P	S
K	Z	G	L	A	M	Z	F	L	H	T	Y	R	M	Y	T
Ö	W	O	W	T	C	T	C	O	E	N	U	W	O	C	Ä
K	S	R	L	U	V	D	K	A	R	O	H	N	T	W	V
U	L	C	N	K	S	D	U	K	E	U	E	Z	N	R	Ä
L	P	J	M	S	Y	E	K	I	I	L	N	H	U	E	L
M	H	I	L	I	L	E	I	M	L	I	G	U	T	Z	L
A	I	B	R	A	C	L	K	Y	L	Z	I	O	Ä	I	I
S	E	L	K	E	Y	S	K	D	Ä	E	T	M	T	B	S
R	A	U	H	A	L	L	I	N	E	N	Y	I	Ö	I	Y
R	A	U	H	A	E	S	I	U	U	I	S	O	Y	A	Y
Q	M	A	R	L	K	S	S	W	A	B	S	J	M	K	S
Q	K	F	P	E	V	S	U	U	S	I	A	J	L	I	H
G	H	R	N	E	N	I	M	Y	S	K	Ä	V	Y	H	H
H	E	N	K	I	S	T	Ä	H	J	W	I	K	Z	G	V

HYVÄKSYMINEN
HUOMIO
HEREILLÄ
HENGITYS
RAUHALLINEN
SELKEYS
MYÖTÄTUNTO
TUNNE
YSTÄVÄLLISYYS
HENKISTÄ
MIELI
LIIKE
MUSIIKKI
LUONTO
RAUHA
NÄKÖKULMA
HILJAISUUS
AJATUKSIA
OPPIA

7 - Days and Months

T	I	I	S	T	A	I	V	J	W	K	T	D	I	T	K
L	C	H	C	V	S	C	E	S	P	E	M	K	A	A	A
R	O	N	O	I	N	Z	I	A	T	S	R	O	T	M	L
U	U	K	S	Y	Y	S	U	Y	O	K	S	J	N	M	E
P	D	I	A	T	N	A	U	A	L	I	W	I	U	I	N
K	D	G	A	K	I	U	N	U	P	V	S	Q	N	K	T
E	S	W	Z	J	U	B	W	K	K	I	A	V	N	U	E
E	L	O	K	U	U	U	K	T	M	I	V	A	U	U	R
H	U	H	T	I	K	U	U	H	A	K	M	U	S	L	I
M	A	A	L	I	S	K	U	U	A	K	A	L	O	C	Q
V	I	I	K	K	O	N	E	K	N	O	S	L	E	S	E
K	U	U	K	A	U	S	I	J	A	H	A	O	O	H	I
H	E	I	N	Ä	K	U	U	D	N	C	J	S	I	B	K
Y	B	N	D	Z	Z	V	I	A	T	N	A	J	R	E	P
M	A	R	R	A	S	K	U	U	A	E	D	K	S	H	H
J	K	N	M	I	U	Z	Q	V	I	T	N	L	Z	G	V

HUHTIKUU
ELOKUU
KALENTERI
HELMIKUU
PERJANTAI
TAMMIKUU
HEINÄKUU
MAALISKUU
MAANANTAI
KUUKAUSI
MARRASKUU
LOKAKUU
LAUANTAI
SYYSKUU
SUNNUNTAI
TORSTAI
TIISTAI
KESKIVIIKKO
VIIKKO
VUOSI

8 - Energy

M	F	O	R	U	R	E	N	S	N	I	N	G	P	T	E
G	S	Q	M	O	Z	D	A	L	B	M	Z	D	O	U	N
E	T	O	Q	P	S	Z	K	U	G	Y	F	Z	L	U	T
Z	Y	F	U	A	Ä	P	K	Y	E	S	E	N	T	L	R
M	P	F	R	W	H	O	U	N	A	Z	Q	Y	T	I	O
I	D	Q	Y	I	K	E	O	F	Y	A	D	E	O	I	P
V	H	I	R	N	Ö	P	M	Ä	L	R	C	C	A	R	I
V	P	I	Y	O	I	E	D	G	G	A	J	B	I	O	A
M	J	W	Ö	T	N	S	L	M	V	W	W	Y	N	T	N
U	O	H	H	O	E	F	L	E	S	E	I	D	E	T	C
J	D	G	Y	F	N	V	B	H	K	U	H	I	D	O	Q
U	U	S	I	U	T	U	V	A	I	T	Y	N	F	O	Y
W	F	C	G	B	V	I	Ö	T	S	I	R	Ä	P	M	Y
I	N	D	U	S	T	R	I	H	Z	Q	L	O	D	Y	L
B	E	N	S	I	I	N	I	W	L	D	W	I	N	J	N
T	U	R	B	I	I	N	I	L	Y	O	A	T	T	I	U

AKKU
HIILI
DIESEL
SÄHKÖINEN
ELEKTRONI
ENTROPIA
YMPÄRISTÖ
POLTTOAINE
BENSIINI
LÄMPÖ
VETY
INDUSTRI
MOOTTORI
YDIN
FOTONI
FORURENSNING
UUSIUTUVA
HÖYRY
TURBIINI
TUULI

9 - Archeology

R	E	N	N	Ä	Ä	J	S	I	M	A	Z	D	K	J	M
H	A	U	T	A	W	Ä	I	M	I	I	T	Q	M	V	U
L	E	Z	I	I	Q	L	V	T	L	L	E	S	C	Y	I
I	S	U	A	K	A	K	I	A	E	U	R	R	I	E	N
H	C	E	Q	K	J	E	L	S	U	M	U	G	L	G	A
A	Q	F	R	Y	C	L	I	I	O	E	P	T	I	Y	I
J	N	O	D	Z	O	Ä	S	A	B	H	R	P	R	U	N
I	I	A	T	H	Z	I	A	N	J	E	N	K	E	H	E
K	K	D	L	B	G	N	A	T	E	Y	L	V	E	L	N
T	I	Q	D	Y	U	E	T	U	K	Q	O	P	T	B	I
U	I	M	N	I	Y	N	I	N	T	Y	P	J	S	T	E
T	T	D	A	K	T	S	O	T	I	F	F	W	Y	D	Q
N	N	M	N	H	I	L	I	I	S	S	O	F	M	C	T
M	A	Q	H	W	Y	P	I	J	W	Q	G	Y	R	J	S
I	T	N	I	O	I	V	R	A	N	I	G	K	C	Q	L
U	N	O	H	D	E	T	T	U	Q	Y	B	H	T	T	H

ANALYYSI
MUINAINEN
ANTIIKIN
LUUT
SIVILISAATIO
JÄLKELÄINEN
AIKAKAUSI
ARVIOINTI
ASIANTUNTIJA
UNOHDETTU
FOSSIILI
MYSTEERI
OBJEKTI
JÄÄNNE
TUTKIJA
TIIMI
TEMPPELI
HAUTA

10 - Food #2

K	K	I	R	S	I	K	K	A	J	U	U	S	T	O	T
W	I	J	D	S	B	F	H	A	K	K	C	A	L	Q	O
O	E	I	N	W	H	F	R	R	W	B	K	Q	A	Y	M
S	M	G	V	Z	Z	A	Q	H	Z	Y	Q	Y	K	N	A
K	Y	E	P	I	R	R	D	S	G	Y	P	C	K	N	A
A	A	Ä	N	H	W	C	D	Y	T	O	K	S	O	I	T
P	I	N	A	A	N	A	B	P	M	P	V	N	S	P	T
S	T	H	A	Y	C	E	V	B	U	K	K	N	I	K	I
Q	T	E	V	Q	Q	N	C	T	N	C	E	P	T	N	Y
A	R	V	C	D	W	I	L	A	A	K	A	S	R	A	P
M	U	N	A	N	Y	R	W	A	K	P	U	U	A	T	M
N	G	A	G	O	M	E	L	L	O	Q	D	D	Z	Q	D
D	O	Y	F	B	A	L	A	K	I	G	P	H	Q	M	U
P	J	Z	S	U	V	L	L	U	S	R	Y	P	Ä	L	E
V	N	M	K	V	F	E	F	S	O	Q	Z	Q	M	F	P
R	I	I	S	I	E	S	W	G	C	S	I	E	N	I	Q

OMENA
ARTISOKKA
BANAAANI
PARSAKAALI
SELLERI
JUUSTO
KIRSIKKA
KANA
SUKLAA
MUNA
MUNAKOISO
KALA
RYPÄLE
KINKKU
KIIVI
SIENI
RIISI
TOMAATTI
VEHNÄ
JOGURTTI

11 - Chemistry

M	N	P	E	Y	V	G	U	P	A	I	E	S	L	O	K
G	E	A	C	D	E	T	S	E	N	H	N	U	Ä	R	L
B	N	T	F	I	T	K	A	S	T	B	T	O	M	G	O
Q	I	B	A	N	Y	F	A	H	W	T	S	L	P	A	O
E	S	Q	M	L	I	J	K	E	C	D	Y	A	Ö	A	R
I	K	U	E	R	L	H	K	R	S	C	Y	I	T	N	I
D	Ä	S	I	R	O	I	H	K	A	P	M	L	I	I	N
T	M	L	Z	M	E	N	T	I	E	Q	I	Y	L	N	O
W	E	C	T	I	G	O	N	I	I	C	O	Y	A	E	R
Z	W	V	L	M	P	I	E	W	J	L	N	K	H	N	T
P	E	V	I	I	F	P	L	G	U	Z	I	E	F	F	K
K	A	T	A	L	Y	S	A	T	O	R	A	L	F	K	E
L	Ä	M	P	Ö	U	H	A	H	A	P	P	O	R	V	L
E	G	I	K	N	R	H	N	W	V	A	B	M	K	M	E
W	L	D	Z	G	J	I	H	H	D	C	P	E	O	S	Z
W	W	Q	E	R	P	A	T	G	U	R	H	H	J	K	M

HAPPO
EMÄKSINEN
HIILI
KATALYSATOR
KLOORI
ELEKTRONI
ENTSYYMI
KAASU
LÄMPÖ
VETY

IONI
NESTE
METALLIT
MOLEKYYLI
YDIN
ORGAANINEN
HAPPI
SUOLA
LÄMPÖTILA
PAINO

12 - Music

K	H	S	L	R	Y	T	M	I	N	E	N	E	N	Y	G
L	Y	H	A	Y	O	K	J	W	T	M	W	Z	N	P	D
A	T	Y	U	D	C	B	M	L	O	O	P	P	E	R	A
S	U	B	L	P	C	A	J	A	L	U	A	L	N	Ä	H
S	M	N	A	B	Z	L	L	Z	K	H	U	W	I	Ä	A
I	P	E	A	W	H	L	L	A	N	H	O	T	T	N	R
N	R	N	L	I	B	A	J	S	U	F	R	E	K	I	M
E	O	I	S	O	N	D	Z	P	P	L	L	I	E	T	O
N	S	N	E	K	D	I	W	M	V	V	U	C	L	E	N
E	K	O	O	K	K	I	S	U	U	M	N	U	K	W	I
N	U	M	M	F	O	H	A	A	H	V	J	R	E	W	A
I	D	R	U	N	O	L	L	I	N	E	N	Y	R	G	R
R	F	A	J	V	D	U	T	E	Ä	S	O	T	R	E	K
Y	K	H	M	U	S	I	I	K	K	I	L	M	T	B	C
Y	M	J	A	L	B	U	M	I	Q	U	V	I	R	G	N
L	S	F	W	Y	M	A	M	I	K	R	O	F	O	N	I

ALBUMI
BALLADI
KERTOSÄE
KLASSINEN
EKLEKTINEN
HARMONINEN
HARMONIA
LYYRINEN
MELODIA
MIKROFONI
MUSIIKKI
MUUSIKKO
OOPPERA
RUNOLLINEN
ÄÄNITE
RYTMI
RYTMINEN
LAULAA
LAULAJA
LAULU

13 - Family

S	A	D	O	M	I	A	V	N	Z	V	S	V	T	J	J
D	B	J	W	U	B	K	T	W	R	W	T	Q	H	J	G
V	V	V	R	M	P	I	F	K	K	N	A	O	N	R	V
N	C	P	S	G	T	O	V	U	I	E	M	Q	T	V	S
M	W	Y	E	Z	K	P	J	E	Y	E	F	T	T	J	O
R	G	U	F	B	N	N	C	A	F	H	A	N	E	U	U
S	G	D	E	O	V	E	E	U	N	P	R	Ä	T	Y	T
A	I	T	Ä	T	E	J	R	L	Ä	P	U	C	O	Ä	I
V	J	S	P	V	R	L	Q	A	S	L	O	Ä	I	T	I
T	M	U	K	K	R	E	S	P	I	A	C	I	L	E	V
V	I	U	N	O	J	V	C	S	Y	P	Ä	V	K	S	B
T	E	S	P	A	L	Ä	S	I	O	S	I	I	P	A	F
C	S	O	H	C	G	V	U	C	D	U	A	Z	D	M	A
S	M	M	G	B	J	Z	M	H	P	U	R	W	R	I	G
L	K	L	D	U	N	F	T	Q	R	S	A	V	B	Z	N
L	A	P	S	E	N	L	A	P	S	I	A	A	F	K	G

STAMFAR
TÄTI
VELI
LAPSI
LAPSUUS
LAPSET
SERKKU
TYTÄR
LAPSENLAPSI
ISOISÄ
POJANPOIKA
MIES
ÄIDIN
ÄITI
VELJENPOIKA
ISÄN
SISKO
SETÄ
VAIMO

14 - Farm #1

V	E	E	I	H	O	U	V	M	H	T	T	P	R	Q	K
A	T	B	E	E	T	Q	A	A	M	U	E	V	N	K	U
R	I	S	E	V	P	V	R	A	A	I	N	N	B	V	B
I	O	T	W	O	P	J	I	T	M	D	E	A	L	Y	I
O	N	H	A	N	I	I	S	A	A	B	M	U	J	W	I
K	N	C	N	E	N	I	Ä	L	I	H	E	M	D	A	S
D	A	E	A	N	H	F	D	O	C	W	I	E	R	O	O
V	L	Z	K	R	J	I	A	U	T	G	S	A	N	D	N
W	A	O	Q	L	J	H	S	S	L	E	H	M	Ä	N	Y
K	Z	S	G	Z	A	M	S	Z	R	I	I	S	I	S	O
S	C	R	I	S	H	E	I	N	Ä	T	T	N	E	K	L
S	J	F	A	K	C	D	K	L	U	D	L	E	A	P	Y
B	F	B	M	S	K	S	L	V	I	N	H	G	W	L	W
F	W	D	A	K	V	A	I	B	U	E	E	I	D	M	D
R	T	F	A	B	A	D	M	Z	Q	T	T	B	H	S	Z
B	T	Y	W	U	Y	Q	W	N	H	O	N	D	I	E	F

MAATALOUS
MEHILÄINEN
BIISON
VASIKKA
KISSA
KANA
LEHMÄ
VARIS
KOIRA
AASI

AITA
LANNOITE
KENTTÄ
VUOHI
HEINÄ
HUNAJA
HEVONEN
RIISI
SIEMENET
VESI

15 - Camping

H	A	R	I	I	D	U	C	K	S	G	V	D	N	B	L
A	E	N	I	R	O	U	V	Q	A	C	U	J	L	M	K
U	M	R	T	I	A	V	Y	U	F	N	M	C	H	Ö	A
S	I	S	S	A	P	M	O	K	U	Z	O	A	J	K	R
K	Q	B	P	I	A	P	J	Ä	R	V	I	O	U	K	T
A	L	S	U	A	R	P	U	I	T	R	Y	S	T	I	T
A	T	O	U	F	C	F	O	M	J	H	O	D	Q	T	A
M	E	T	S	Ä	U	E	M	T	A	B	I	C	H	J	I
E	L	Ä	I	M	E	T	F	W	K	T	W	L	U	Z	H
K	Ö	Y	S	I	O	G	G	T	H	U	T	G	N	T	Q
O	F	I	R	E	F	O	S	E	B	U	T	O	C	B	R
A	R	L	U	O	N	T	O	L	D	K	H	A	T	T	U
M	A	E	M	U	B	S	Y	T	S	Ä	S	T	E	M	L
E	E	W	U	D	V	P	K	T	E	B	L	E	O	Q	T
F	C	T	B	K	U	L	I	A	K	K	I	E	S	N	G
J	E	R	U	U	H	Y	Ö	N	T	E	I	N	E	N	A

SEIKKAILU
ELÄIMET
MÖKKI
KANOOTTI
KOMPASSI
ANTAA POTKUT
METSÄ
HAUSKAA
RIIPPUMATTO
HATTU
METSÄSTYS
HYÖNTEINEN
JÄRVI
KARTTA
KUU
VUORI
LUONTO
KÖYSI
TELTTA
PUU

16 - Algebra

L	O	Y	M	Y	H	T	Ä	L	Ö	M	U	U	V	N	J
V	I	N	V	S	E	T	N	E	R	A	P	R	Ä	O	A
S	P	N	G	W	Z	D	M	K	E	T	B	W	H	L	K
M	F	B	E	E	J	A	E	R	T	R	R	E	E	L	O
D	U	S	N	A	L	M	V	P	W	I	A	K	N	A	I
R	S	U	Ö	N	A	M	E	W	A	I	T	S	N	M	V
U	I	J	T	U	L	R	A	M	R	S	K	P	Y	P	A
D	A	P	E	T	K	E	I	I	O	I	A	O	S	M	A
N	K	P	R	M	U	T	Q	N	R	A	I	N	O	P	K
P	T	W	Ä	U	Ä	J	I	K	E	T	S	E	V	M	A
L	A	V	Ä	Ä	R	Ä	A	Q	M	N	T	N	G	J	T
H	R	K	A	A	V	A	U	V	U	S	A	T	F	M	N
B	K	R	D	Y	K	M	T	G	N	I	H	T	P	Ä	M
R	Y	M	F	P	Z	Q	I	T	C	D	D	I	W	Ä	V
K	E	S	Y	B	G	J	A	J	L	L	U	L	V	R	R
B	I	Z	H	N	E	G	S	B	A	U	F	O	D	Ä	I

KAAVIO
JAKO
YHTÄLÖ
EKSPONENTTI
TEKIJÄ
VÄÄRÄ
KAAVA
JAE
ÄÄRETÖN
LINEAARINEN
MATRIISI
NUMERO
PARENTES
ONGELMA
MÄÄRÄ
RATKAISU
RATKAISTA
VÄHENNYS
MUUTTUJA
NOLLA

17 - Numbers

M	U	N	A	S	K	E	D	H	A	K	O	N	W	K	D
A	C	N	J	N	S	U	C	Z	K	J	D	K	Z	Y	E
T	C	C	B	B	B	E	U	N	W	O	S	Q	F	M	S
E	R	T	K	I	G	V	U	S	E	I	L	P	R	M	I
M	Q	R	Z	W	W	Z	L	I	I	L	Y	M	C	E	M
A	H	H	D	W	V	D	B	S	S	T	J	K	E	N	A
T	H	T	H	K	U	U	S	I	V	N	O	Ä	N	E	A
I	K	A	K	S	I	T	O	I	S	T	A	I	Ä	N	L
I	M	B	N	O	L	L	A	V	N	R	I	Y	S	N	I
K	V	I	I	S	I	T	O	I	S	T	A	K	K	T	D
K	C	B	E	W	Z	F	G	F	J	J	F	S	E	C	A
A	C	G	M	Y	O	Z	G	L	Q	C	K	I	D	E	P
N	E	L	J	Ä	T	O	I	S	T	A	A	F	H	V	P
B	M	B	R	V	V	V	E	J	G	T	K	L	Y	Z	E
K	O	L	M	E	T	O	I	S	T	A	S	D	S	F	A
K	C	F	Q	I	N	Ä	M	E	S	T	I	E	S	I	L

DESIMAALI
KAHDEKSAN
VIISITOISTA
VIISI
NELJÄ
NELJÄTOISTA
MATEMATIIKKA
YHDEKSÄN
YKSI

SEITSEMÄN
KUUSI
KUUSITOISTA
KYMMENEN
KOLMETOISTA
KOLME
KAKSITOISTA
KAKSI
NOLLA

18 - Spices

D	C	K	P	C	L	Q	B	O	G	O	A	C	R	K	L
C	I	A	P	A	R	E	K	T	A	K	N	V	K	Y	A
U	L	R	N	I	P	J	P	W	Y	L	I	K	G	N	K
R	O	D	E	M	P	R	F	M	F	L	S	W	R	S	R
R	K	E	Q	T	J	P	I	N	D	J	V	T	N	I	I
Y	N	M	E	M	N	T	U	K	W	S	R	Y	K	L	T
C	E	U	T	A	S	A	V	R	A	Z	V	Z	U	E	S
G	F	M	F	K	Y	P	I	M	I	P	L	E	M	N	I
M	D	M	E	E	F	L	K	R	N	I	D	H	I	A	L
Z	N	A	Y	A	J	Z	B	T	O	Z	U	J	N	K	U
B	L	G	H	E	L	M	H	O	R	K	E	Y	A	A	P
E	D	P	C	V	Y	A	V	A	N	I	L	J	A	Z	I
G	I	Z	F	F	T	K	G	N	R	Z	Z	C	C	H	S
D	U	L	E	D	K	U	I	N	K	I	V	Ä	Ä	R	I
S	U	O	L	A	V	A	L	K	O	S	I	P	U	L	I
M	A	U	S	T	E	S	A	H	R	A	M	I	Q	Y	I

ANIS
KATKERA
KARDEMUMMA
KANELI
KYNSI
KORIANTERI
KUMINA
CURRY
FENKOLI
MAKU
VALKOSIPULI
INKIVÄÄRI
LAKRITSI
SIPULI
PAPRIKA
PIPPURI
MAUSTESAHRAMI
SUOLA
MAKEA
VANILJA

19 - Universe

P	I	T	U	U	S	A	S	T	E	L	K	T	H	G	P
T	I	K	P	S	P	B	E	C	A	S	B	Ä	A	E	Ä
J	A	T	T	Ä	P	I	M	E	Y	S	T	H	L	N	I
J	D	I	P	U	I	M	C	M	E	P	L	T	V	Z	V
E	D	S	V	R	P	V	N	S	H	A	N	I	K	O	Ä
G	E	K	L	A	D	O	Ä	D	C	J	E	T	U	D	N
P	S	A	V	I	A	T	K	N	O	E	N	I	L	I	S
C	U	L	O	Z	D	L	G	U	T	P	I	E	E	A	E
D	G	A	M	U	Q	W	L	U	A	A	M	D	G	K	I
C	Z	G	F	Q	Z	O	W	I	I	K	S	E	Y	K	S
J	N	E	N	I	A	M	L	I	N	L	O	A	I	I	A
R	E	C	Ä	R	L	Z	T	Z	U	E	K	I	A	V	U
S	C	O	K	N	I	R	U	A	M	Q	N	I	T	J	S
W	Y	C	Y	L	E	V	E	Y	S	A	S	T	E	Y	A
K	U	U	V	H	O	R	I	S	O	N	T	T	I	I	G
F	W	P	Ä	A	S	T	E	R	O	I	D	I	Q	A	P

ASTEROIDI
TÄHTITIEDE
ILMAINEN
TAIVAALLINEN
KOSMINEN
PIMEYS
EON
PÄIVÄNTASAAJA
GALAKSI
HALVKULE

HORISONTTI
LEVEYSASTE
PITUUSASTE
KUU
TAIVAS
AURINKO
PÄIVÄNSEISAUS
KAUKOPUTKI
NÄKYVÄ
ZODIAKKI

20 - Mammals

G	N	L	Z	K	T	Y	N	U	T	L	C	K	V	L	M
M	O	W	E	U	O	J	Q	D	I	A	K	I	S	U	S
H	K	R	Z	N	H	J	B	V	J	M	A	R	L	S	A
I	G	A	I	J	Y	U	O	M	H	M	R	A	E	R	L
A	P	P	C	L	A	R	W	O	H	A	H	H	I	O	A
S	P	S	L	E	L	A	S	A	T	S	U	V	J	N	V
S	B	I	D	M	N	A	G	T	B	T	Y	I	O	E	Y
I	G	N	N	Z	K	A	M	E	L	I	I	Y	N	N	B
K	W	I	W	A	C	R	Y	E	S	F	B	P	A	O	S
A	R	I	O	K	Y	P	S	H	D	D	G	L	A	V	L
W	U	F	P	A	L	E	O	Y	U	R	U	G	N	E	K
G	H	L	L	N	G	E	W	L	Q	K	S	H	Q	H	Y
C	Ä	E	Z	I	Q	S	H	D	R	V	N	E	H	Y	P
O	R	D	G	M	I	G	D	M	H	G	A	T	I	Q	R
J	K	Y	L	G	T	Q	D	T	I	Y	C	Z	A	N	F
K	Ä	U	O	U	P	P	L	K	E	T	T	U	R	J	T

KARHU
HÄRKÄ
KAMELI
KISSA
KOJOOTTI
KOIRA
DELFIINI
NORSU
KETTU
KIRAHVI
GORILLA
HEVONEN
KENGURU
LEIJONA
APINA
KANI
LAMMAS
VALAS
SUSI
SEEPRA

21 - Restaurant #1

V	V	T	A	K	O	U	R	I	K	L	Ä	J	R	J	M
T	E	F	F	L	W	C	S	W	U	A	K	P	J	J	I
L	N	I	Y	C	L	B	B	Z	S	G	O	S	I	O	E
N	I	Z	T	C	L	E	U	Z	O	H	L	U	K	E	A
D	A	R	D	S	P	K	R	J	K	N	E	A	H	I	L
S	Y	Ö	D	Ä	I	I	G	G	K	P	U	R	G	V	L
J	B	S	R	F	S	T	D	C	I	L	G	A	F	Q	D
K	B	K	P	G	T	S	P	N	L	A	Y	V	E	L	K
A	N	I	I	L	S	A	T	U	A	L	I	K	K	P	A
K	J	I	G	E	U	K	W	Q	V	S	V	S	K	K	N
O	F	B	O	N	M	A	U	S	T	E	I	N	E	N	A
U	K	A	H	V	I	T	A	R	J	O	I	L	I	J	A
R	W	M	M	W	P	M	B	H	Q	Q	C	G	A	K	D
K	N	M	Q	R	K	F	Q	E	F	R	A	F	K	T	V
L	W	M	A	W	C	E	K	E	I	T	T	I	Ö	T	Y
P	H	R	U	H	H	P	I	B	Q	N	H	B	U	B	I

ALLERGIA
KULHO
LEIPÄ
KANA
KAHVI
JÄLKIRUOKA
RUOKA
AINE
KEITTIÖ
VEITSI
LIHA
VALIKKO
LAUTASLIINA
LEVY
VARAUS
KASTIKE
MAUSTEINEN
SYÖDÄ
TARJOILIJA

22 - Bees

P	P	P	W	F	L	F	F	R	H	Y	E	L	L	A	E
U	O	E	T	R	Y	L	Ö	P	E	T	I	I	S	O	K
U	L	S	O	Y	I	W	H	Z	D	R	A	Z	H	L	O
T	L	Ä	Z	Z	N	E	N	I	E	T	N	Ö	Y	H	S
A	I	B	F	S	U	U	O	G	L	K	S	D	E	N	Y
R	N	Q	L	H	H	T	N	R	M	P	G	F	E	H	S
H	A	C	V	U	A	Y	J	H	Ä	A	K	K	U	K	T
A	T	W	V	N	U	P	Ö	T	Y	R	W	Z	V	A	E
Z	O	L	Z	A	R	U	A	D	T	V	Q	L	A	W	E
R	R	M	H	J	I	S	W	R	Y	I	H	B	S	H	M
G	U	R	O	A	N	E	G	T	A	L	D	R	A	S	I
P	Y	O	W	H	K	S	P	I	H	F	L	L	F	A	C
K	Y	K	K	M	O	V	D	V	Z	P	I	I	Q	D	L
N	J	C	T	A	K	U	K	S	N	L	U	I	N	V	L
K	U	N	I	N	G	A	T	A	R	R	R	K	N	E	K
S	I	I	V	E	T	G	G	K	T	Z	K	F	Q	I	N

HYÖDYLLINEN
KUKKA
EKOSYSTEEMI
KUKAT
RUOKA
HEDELMÄ
PUUTARHA
PESÄ
HUNAJA
HYÖNTEINEN
KASVIT
SIITEPÖLY
POLLINATOR
KUNINGATAR
SAVU
AURINKO
PARVI
PARAFIINI
SIIVET

23 - Photography

M	A	K	M	B	K	Y	K	A	A	A	M	E	A	B	A
U	K	O	P	S	H	A	E	S	I	N	E	U	A	H	V
S	O	O	J	R	A	V	M	I	G	G	M	P	O	H	U
T	N	S	V	A	P	E	Y	E	I	R	Ä	H	P	T	K
A	T	T	S	P	Y	E	K	H	R	D	Ä	D	I	D	O
T	R	U	N	P	Q	A	E	I	Ä	A	R	G	M	N	T
Y	A	M	Z	Ä	M	N	H	A	V	B	I	V	E	Ä	O
Z	S	U	U	Z	K	C	Y	H	M	Y	T	A	Y	Y	U
E	T	S	K	N	D	Ö	S	Z	V	P	E	L	S	T	M
H	I	B	L	H	I	S	K	G	S	B	L	A	W	T	A
G	M	I	T	U	B	G	O	U	V	V	M	I	I	E	L
P	E	H	M	E	N	T	Ä	Ä	L	E	Ä	S	Z	L	M
T	T	K	L	Q	M	F	Y	L	L	M	I	T	A	Y	T
V	I	S	U	A	A	L	I	N	E	N	A	U	H	E	K
J	Q	O	P	Q	L	K	B	E	E	F	Q	S	B	L	A
R	A	K	E	N	N	E	N	D	Q	S	G	M	N	W	O

MUSTA
KAMERA
VÄRI
KOOSTUMUS
KONTRASTI
PIMEYS
MÄÄRITELMÄ
NÄYTTELY
MUOTO
KEHYS
VALAISTUS
ESINE
NÄKÖKULMA
MUOTOKUVA
VARJO
PEHMENTÄÄ
AIHE
RAKENNE
VISUAALINEN

24 - Weather

H	V	J	A	Y	E	D	V	O	S	P	I	L	V	I	H
Y	N	P	V	B	H	P	I	L	U	U	T	M	M	M	U
N	A	T	Q	L	G	U	I	B	M	O	A	O	L	M	R
R	H	Y	U	S	H	W	N	B	U	E	I	B	L	A	R
R	A	U	H	A	L	L	I	N	E	N	V	J	K	N	I
N	S	L	M	N	F	K	C	J	L	K	A	I	U	H	K
S	A	T	O	D	A	N	R	O	T	P	S	Z	I	O	A
P	T	R	N	P	K	Q	A	E	T	M	O	U	V	F	A
N	E	O	S	M	U	U	L	N	Q	G	D	E	U	E	N
U	E	O	U	D	D	N	I	M	J	Ä	Ä	N	U	R	I
K	N	P	U	Z	Q	Y	T	V	Y	B	D	S	S	S	P
K	K	P	N	L	Q	Q	Ö	K	A	R	O	I	R	A	R
O	A	I	I	K	L	I	P	F	O	T	S	A	M	L	I
N	A	N	S	K	T	Y	M	D	O	J	C	K	U	A	H
E	R	E	A	B	L	D	Ä	U	E	T	D	A	Y	M	E
N	I	N	V	G	A	I	L	M	A	I	N	E	N	A	N

ILMAINEN
RAUHALLINEN
ILMASTO
PILVI
KUIVUUS
KUIVA
SUMU
HURRIKAANI
JÄÄN
SALAMA
MONSUUNI
POLAR
SATEENKAARI
TAIVAS
MYRSKY
LÄMPÖTILA
UKKONEN
TORNADO
TROOPPINEN
TUULI

25 - Adventure

T	T	Y	S	T	Ä	V	Ä	Z	W	V	G	Y	H	M	F
G	K	V	A	I	K	E	U	S	Q	K	E	J	Y	A	D
Y	D	A	T	N	I	M	I	O	T	U	Y	Z	L	T	S
J	L	S	U	U	S	I	L	L	O	D	H	A	M	K	U
H	Y	L	J	N	M	A	T	K	A	N	S	P	A	U	U
R	K	H	Ä	I	E	D	H	O	K	R	U	C	M	S	S
V	V	I	N	T	V	U	T	R	G	L	T	F	C	T	I
V	V	M	Q	N	T	T	S	S	M	A	S	K	P	A	L
M	K	N	O	I	E	Ä	P	O	V	N	O	R	Y	A	L
V	M	C	K	O	E	A	V	L	U	O	N	T	O	U	A
L	M	Y	E	G	T	A	P	Ä	F	R	N	G	Y	M	V
A	R	F	V	I	S	C	J	F	K	I	I	K	T	E	R
Z	I	N	W	V	A	Q	M	I	M	D	S	L	K	C	U
B	B	K	Q	A	A	T	S	Q	O	F	U	L	O	D	T
D	U	Z	C	N	H	D	U	N	C	C	U	R	Q	I	Y
V	A	A	R	A	L	L	I	N	E	N	V	W	D	R	I

TOIMINTA
KAUNEUS
HAASTEET
MAHDOLLISUUS
VAARALLINEN
KOHDE
VAIKEUS
INNOSTUS
RETKI
YSTÄVÄ
MATKA
ILO
LUONTO
NAVIGOINTI
UUSI
TURVALLISUUS
YLLÄTTÄVÄ
MATKUSTAA

26 - Sport

T	A	N	S	S	I	T	N	V	P	Z	L	Q	E	U	O
U	L	P	Y	Y	R	A	J	A	T	N	E	M	L	A	V
U	I	Y	Y	E	A	D	H	S	E	K	Y	Q	G	T	C
L	H	Ö	V	V	V	I	Y	D	U	A	E	S	I	F	Z
F	A	R	Ä	R	I	O	K	N	D	C	H	H	Y	J	A
E	K	Ä	T	E	T	M	H	J	S	T	A	S	O	L	I
Z	S	I	S	T	S	I	Z	J	K	O	F	Z	F	T	K
O	E	L	E	O	E	S	L	B	E	I	B	H	E	V	T
S	T	Y	K	B	M	K	U	C	U	L	I	E	H	R	U
Z	Y	F	T	J	U	A	L	R	S	A	M	V	V	C	R
A	K	D	O	I	S	M	H	N	R	V	O	O	Z	L	M
K	Y	N	Ä	K	K	L	Ö	H	L	A	I	I	I	R	B
R	K	O	T	N	R	Z	P	A	I	K	Z	V	C	D	R
U	R	H	E	I	L	I	J	A	C	O	V	J	B	U	A
T	A	V	O	I	T	E	K	Y	S	U	U	V	H	A	V
V	E	N	Y	T	T	E	L	Y	H	R	T	A	O	W	J

KYKY
URHEILIJA
KEHO
LUUT
SYDÄN
VALMENTAJA
PYÖRÄILY
TANSSIT
RUOKAVALIO
KESTÄVYYS
TAVOITE
TERVEYS
HÖLKKÄ
MAKSIMOIDA
LIHAKSET
RAVITSEMUS
OHJELMOIDA
URHEILU
VAHVUUS
VENYTTELY

27 - Restaurant #2

H	O	Z	V	A	H	H	M	A	U	S	T	E	E	T	Z
A	Q	C	O	D	C	C	E	G	C	Q	J	J	T	J	P
A	N	P	K	U	Y	D	B	D	D	U	J	Ä	W	M	Q
R	F	H	E	P	D	D	W	W	E	A	W	F	Ä	A	W
U	I	Q	N	E	N	I	L	L	A	L	L	I	N	N	L
K	T	B	V	L	A	R	U	Y	W	A	M	O	U	J	U
K	Y	P	B	R	J	N	K	K	M	K	U	Ä	U	P	S
A	J	I	L	I	O	J	R	A	T	E	Y	F	D	Y	I
S	U	P	P	E	S	I	P	Z	K	A	V	M	E	H	K
A	U	B	B	W	A	M	P	Y	Y	K	M	Y	L	Y	K
N	Q	Q	C	I	L	D	S	E	N	N	A	H	I	V	A
U	L	E	I	G	A	F	U	K	S	G	W	B	T	R	W
O	S	A	R	R	A	S	O	U	A	M	U	N	A	T	N
L	H	O	C	A	T	I	L	E	Z	K	Z	P	Q	I	Y
M	T	F	U	H	T	O	A	O	G	B	K	C	R	Q	G
V	E	S	I	F	I	L	O	U	T	B	M	U	M	Y	A

JUOMA
KAKKU
TUOLI
ILLALLINEN
MUNAT
KALA
HAARUKKA
HEDELMÄ
JÄÄN
LOUNAS
NUUDELIT
SALAATTI
SUOLA
SUPPE
MAUSTEET
LUSIKKA
VIHANNES
TARJOILIJA
VESI

28 - Geology

A	K	A	R	O	K	W	K	G	Z	U	O	D	E	Y	P
S	M	N	Z	R	V	E	E	R	O	O	S	I	O	M	Y
O	U	A	T	W	Y	I	R	T	A	S	A	N	K	O	Ö
N	I	O	W	L	B	L	R	R	I	S	Y	E	G	S	R
A	S	P	L	H	W	A	P	W	O	Z	H	H	V	T	Ä
A	L	P	Z	A	V	A	L	H	Y	S	O	M	O	A	T
M	A	A	N	J	Ä	R	I	S	T	Y	S	P	L	L	C
T	K	H	B	J	B	E	K	L	U	O	L	A	C	A	B
O	W	I	U	T	U	N	Z	O	H	I	T	Y	A	C	C
J	P	R	Y	K	U	I	S	T	R	A	V	K	N	T	Y
M	O	D	B	S	A	M	E	K	F	A	Q	Q	O	I	N
F	M	F	O	S	S	I	I	L	I	F	L	Y	S	T	S
P	C	P	T	T	K	I	V	I	L	Z	W	L	E	E	A
C	R	Y	S	T	A	L	F	J	L	U	N	N	I	H	Y
P	M	L	E	U	C	O	Y	I	J	J	M	T	L	W	N
I	K	K	M	O	N	J	L	B	N	S	Q	E	K	Q	H

HAPPO
KALSIUM
LUOLA
MAANOSA
KORALLI
CRYSTAL
PYÖRÄT
MAANJÄRISTYS
EROOSIO
FOSSIILI
GEYSIR
LAVA
KERROS
MINERAALI
TASANKO
KVARTSI
SUOLA
STALACTITE
KIVI
VOLCANO

29 - House

W	B	F	V	F	J	Q	K	A	T	T	O	O	N	B	J
D	K	M	E	P	H	W	U	W	Z	V	L	K	Ø	W	O
E	F	M	R	O	U	R	C	V	Q	P	A	H	K	T	L
A	C	L	H	M	T	U	S	J	M	W	M	U	L	Q	H
J	U	M	O	E	Q	U	T	A	T	L	P	O	E	V	D
Ö	I	T	T	I	E	K	J	A	I	A	P	N	R	J	A
S	W	Y	O	B	K	D	L	B	R	T	U	E	S	K	D
A	I	T	A	T	U	U	L	F	Z	H	T	K	O	I	F
H	U	O	N	E	A	U	E	T	G	R	A	A	Q	R	K
S	Y	K	U	Y	O	L	J	Ä	A	W	R	L	L	J	L
M	G	K	K	E	G	U	L	N	O	J	T	U	I	A	D
N	E	A	K	J	P	E	U	I	I	S	A	K	A	S	W
I	Y	L	I	V	B	J	J	E	Q	C	K	H	Q	T	Y
V	V	L	U	G	Q	L	R	S	R	D	K	I	N	O	L
L	Z	U	U	C	L	V	A	P	I	Q	A	U	G	T	T
K	J	P	E	I	L	I	O	V	I	U	S	S	S	V	U

ULLAKKO
LUUTA
VERHOT
OVI
AITA
TAKKA
LATTIA
HUONEKALU
AUTOTALLI
PUUTARHA
NØKLER
KEITTIÖ
LAMPPU
KIRJASTO
PEILI
KATTO
HUONE
SUIHKU
SEINÄ
IKKUNA

30 - Physics

L	Z	K	E	G	T	P	T	Q	N	M	Z	M	A	S	E
O	A	D	E	H	E	R	U	S	U	O	N	E	Y	U	M
O	E	A	I	M	G	D	G	L	S	O	R	K	S	H	A
A	K	L	J	G	I	M	O	T	A	T	W	A	T	T	S
Y	C	W	E	E	T	A	C	B	A	T	S	N	H	E	S
Y	D	I	N	K	N	J	L	C	K	O	Ä	I	I	E	A
K	A	A	O	S	T	N	L	L	A	R	T	I	M	L	V
O	C	E	G	Q	F	R	U	Q	I	I	S	K	O	L	A
J	L	F	I	U	H	D	O	S	L	N	I	K	L	I	A
E	W	V	Z	V	O	T	K	N	R	R	E	A	E	S	K
K	B	N	E	N	A	K	K	U	I	H	L	N	K	U	U
M	A	G	N	E	T	I	S	M	I	T	Y	A	Y	U	F
A	N	M	V	A	M	Z	E	V	Q	M	M	E	Y	S	J
T	I	H	E	Y	S	U	E	P	O	N	K	L	L	T	Q
T	A	A	J	U	U	S	Y	T	Y	D	H	I	I	K	A
Z	B	N	I	N	T	J	W	J	U	O	G	F	G	T	J

KIIHDYTYS
ATOMI
KAAOS
KEMIALLINEN
TIHEYS
ELEKTRONI
MOOTTORI
LAAJENNUS
KAAVA
TAAJUUS
KAASU
MAGNETISMI
MASSA
MEKANIIKKA
MOLEKYYLI
YDIN
HIUKKANEN
SUHTEELLISUUS
YLEISTÄ
NOPEUS

31 - Shapes

S	R	E	U	N	A	T	K	R	S	N	E	L	I	Ö	U
E	U	J	C	A	J	F	O	O	I	T	U	U	K	P	W
N	V	O	Ä	F	N	Y	L	C	D	K	S	F	T	Q	K
B	O	I	R	E	I	G	M	M	E	A	M	S	I	R	P
Y	K	M	Y	A	L	E	I	P	Ä	R	Y	P	M	Y	T
I	Y	L	Ä	I	K	E	O	D	K	T	O	M	Q	N	D
L	J	U	K	T	N	U	I	I	D	I	M	A	R	Y	P
E	M	K	K	I	B	A	L	C	S	O	Q	Z	S	I	F
L	O	I	C	P	M	J	E	M	F	O	K	V	P	F	V
L	E	N	K	W	J	V	B	H	I	T	I	U	B	U	A
I	N	O	K	N	Q	P	R	P	U	O	I	K	L	D	I
P	F	M	L	G	W	G	E	K	A	A	R	I	E	M	F
S	F	J	G	Z	O	L	P	N	Y	D	T	N	Z	A	A
I	R	E	T	N	I	L	Y	S	D	U	W	I	Z	J	U
H	O	G	F	L	N	E	H	L	Y	H	F	O	Q	S	Y
F	N	R	D	N	U	A	V	A	P	M	Y	K	M	M	D

KAARI
YMPYRÄ
KARTIO
KULMA
KUUTIO
KÄYRÄ
SYLINTERI
REUNAT
ELLIPSI
HYPERBELI
LINJA
SOIKEA
MONIKULMIO
PRISMA
PYRAMIDI
SUORAKULMIO
SIDE
NELIÖ
KOLMIO

32 - Scientific Disciplines

K	A	K	I	N	E	S	I	O	L	O	G	I	A	R	B
O	I	K	A	S	V	I	T	I	E	D	E	J	J	F	I
C	G	E	K	E	M	I	A	E	K	M	D	M	L	G	O
E	O	M	L	A	A	P	O	S	E	E	E	T	C	C	K
J	L	I	M	I	I	F	S	M	W	T	I	M	O	T	E
W	O	N	E	G	T	N	R	G	O	E	T	D	K	I	M
J	K	E	K	O	A	I	G	O	L	O	I	S	Y	F	I
S	Y	R	A	L	I	K	E	C	O	R	T	Z	B	U	A
G	S	A	N	O	G	Q	R	D	C	O	H	I	A	T	L
E	P	L	I	I	O	U	Z	A	E	L	Ä	E	I	K	A
O	P	O	I	S	L	D	Z	M	G	O	T	G	M	A	K
L	J	G	K	O	O	O	N	A	I	G	O	L	O	I	B
O	L	I	K	S	E	H	E	S	V	I	J	T	T	B	N
G	O	A	A	W	K	M	R	J	Q	A	T	G	A	S	S
I	M	N	E	U	R	O	L	O	G	I	A	H	N	K	M
A	B	I	H	C	A	E	K	O	L	O	G	I	A	Z	D

ANATOMIA
ARKEOLOGIA
TÄHTITIEDE
BIOKEMIA
BIOLOGIA
KASVITIEDE
KEMIA
EKOLOGIA
GEOLOGIA
KINESIOLOGIA
KIELITIEDE
MEKANIIKKA
METEOROLOGIA
MINERALOGIA
NEUROLOGIA
FYSIOLOGIA
PSYKOLOGIA
SOSIOLOGIA

33 - Science

M	O	R	G	A	N	I	S	M	I	K	A	S	V	I	T
T	O	K	E	M	I	A	L	L	I	N	E	N	C	F	V
Ä	M	L	E	T	E	N	E	M	L	H	J	T	K	Q	M
R	I	A	E	L	Z	R	A	I	S	A	I	S	O	T	H
V	J	K	M	K	U	W	S	A	N	S	L	Q	E	O	I
E	Z	K	T	B	Y	O	G	G	H	L	A	R	S	D	U
Y	R	I	F	T	W	Y	N	L	P	A	A	M	U	E	K
O	O	I	J	D	A	A	L	T	I	B	R	F	J	I	S
F	O	S	S	I	I	L	I	I	O	O	E	M	N	T	E
E	H	Y	P	O	T	E	E	S	I	R	N	P	Z	R	T
P	K	F	L	T	L	J	V	H	G	A	I	M	O	T	A
H	W	E	E	S	H	V	Z	L	H	T	M	E	U	M	V
I	Y	Y	B	A	A	M	I	O	V	O	N	I	A	P	Y
S	R	S	P	M	M	K	L	G	D	R	L	Q	Y	C	I
K	Y	N	B	L	F	B	E	P	Q	I	S	V	T	Y	D
Q	N	Y	Z	I	B	N	Q	N	F	O	K	F	T	J	P

ATOMI
KEMIALLINEN
ILMASTO
TIEDOT
KOE
TOSIASIA
FOSSIILI
PAINOVOIMA
HYPOTEESI
LABORATORIO
MENETELMÄ
MINERAALI
MOLEKYYLI
LUONTO
ORGANISMI
HIUKSET
FYSIIKKA
KASVIT

34 - Beauty

L	N	O	F	P	K	C	Q	T	D	O	B	G	J	B	K
Q	E	O	S	C	W	O	U	J	E	F	D	T	F	N	S
A	G	P	S	L	I	H	S	Y	T	Ä	H	E	I	V	W
R	O	M	P	W	W	I	K	M	U	W	U	N	R	T	N
M	T	A	S	E	K	H	O	E	E	Y	O	L	Ä	A	T
O	O	H	S	I	S	K	U	G	K	T	E	L	V	R	U
Ö	F	S	T	R	L	T	T	O	J	O	I	D	C	A	L
L	E	J	Y	Ä	P	E	I	K	O	Q	M	I	D	H	E
J	L	E	L	V	E	H	Ä	F	I	J	E	A	K	I	V
Y	E	F	I	I	B	B	G	Z	T	P	R	Y	D	K	L
T	G	M	S	S	T	Y	Y	L	I	K	Ä	S	U	V	A
E	A	F	T	P	M	W	V	C	Z	A	Y	D	U	A	P
S	N	I	I	I	A	C	Z	Q	C	E	V	S	Z	M	L
K	S	F	C	R	M	E	I	K	K	I	P	E	I	L	I
A	S	V	M	E	B	N	L	A	E	R	P	U	V	W	E
S	I	N	U	D	R	A	S	H	M	H	E	V	E	G	H

VIEHÄTYS
VÄRI
KOSMETIIKKA
KIHARAT
ELEGANSSI
TYYLIKÄS
TUOKSU
ARMO
LEPPESTIFT
MEIKKI
RIPSIVÄRI
PEILI
ÖLJYT
FOTOGEN
SAKSET
PALVELUT
SHAMPOO
IHO
SILEÄ
STYLISTI

35 - Clothes

F	O	A	L	H	A	C	P	D	Z	U	L	F	P	K	L
Y	Z	I	H	S	R	J	V	U	E	T	V	I	B	M	J
A	O	K	G	U	T	T	A	H	S	O	Q	A	O	F	E
E	T	E	E	N	I	S	Ä	K	N	E	K	E	N	K	Ä
S	U	M	E	M	T	V	N	W	Y	Y	R	S	N	S	L
S	S	A	Z	M	O	D	I	U	G	U	A	O	A	A	I
A	U	H	S	R	U	F	A	R	K	U	T	E	I	N	J
T	O	K	K	E	M	H	M	O	S	N	I	S	V	D	A
I	H	T	A	K	K	I	A	K	E	K	A	I	U	A	I
A	R	M	B	Å	N	D	J	A	Y	M	P	L	P	A	P
P	K	O	P	F	S	E	Y	L	O	L	Y	I	H	L	V
A	V	O	N	G	U	L	P	U	J	D	J	I	W	I	O
L	Y	D	R	L	Q	R	R	A	P	N	S	N	R	T	J
L	B	J	E	U	C	G	K	K	S	M	K	A	V	N	T
I	O	Y	P	Z	T	B	F	B	V	Y	Ö	K	J	N	C
V	L	G	D	F	I	W	B	E	M	N	H	Y	G	Z	K

ESILIINA
VYÖ
PUSERO
ARMBÅND
TAKKI
MEKKO
MUOTI
KÄSINEET
HATTU
FARKUT

KORUT
KAULAKORU
PYJAMA
HOUSUT
SANDAALIT
HUIVI
PAITA
KENKÄ
HAME
VILLAPAITA

36 - Insects

S	M	U	Y	M	Y	E	A	G	F	S	Y	N	T	Y	I
B	E	V	S	U	T	K	M	R	Y	U	H	C	N	L	J
U	H	J	F	I	G	I	P	E	A	D	M	N	J	L	S
D	I	Z	M	A	T	O	I	S	J	E	U	N	D	E	S
O	L	R	W	C	L	O	A	S	K	N	U	F	C	P	B
F	Ä	R	A	F	S	L	I	H	I	K	R	N	G	P	O
F	I	V	K	P	F	L	N	O	R	O	A	D	C	Ä	K
I	N	B	K	I	E	V	E	P	P	R	H	T	I	K	A
A	E	B	U	H	R	R	N	P	P	E	A	O	C	E	B
J	N	H	O	N	U	V	H	E	U	N	I	R	A	R	B
A	P	P	T	S	O	S	A	O	P	T	N	A	D	T	S
T	E	R	M	I	I	T	T	I	N	O	E	K	A	T	U
H	Y	T	T	Y	N	E	N	E	H	E	N	K	P	U	K
K	J	T	H	K	H	O	R	N	E	T	N	A	Z	W	G
I	J	V	I	O	S	I	R	K	K	A	F	L	V	M	O
A	K	K	R	I	S	Ä	N	I	E	H	U	N	G	W	K

MUURAHAINEN
KIRVA
MEHILÄINEN
PERHONEN
CICADA
TORAKKA
SUDENKORENTO
KIRPPU
HEINÄSIRKKA
HORNET
LEPPÄKERTTU
TOUKKA
GRESSHOPPE
SIRKKA
HYTTYNEN
KOI
TERMIITTI
AMPIAINEN
MATO

37 - Astronomy

O	J	I	K	Z	R	I	P	Y	T	W	U	D	S	B	S
B	J	E	V	N	D	Ø	G	N	A	T	B	U	U	K	A
S	I	Y	S	O	W	Q	J	T	R	G	H	M	P	L	T
E	S	L	Y	T	O	F	M	R	D	Z	O	U	E	V	E
R	M	I	R	O	E	T	E	M	A	P	M	S	R	I	L
V	Ö	E	F	A	T	T	E	E	N	A	L	P	N	N	L
A	I	T	T	U	A	N	O	R	T	S	A	D	O	S	I
T	Q	Ä	S	R	P	I	M	E	N	N	Y	S	V	O	I
O	K	S	U	I	D	I	O	R	E	T	S	A	A	M	T
R	Q	U	O	N	D	R	A	K	E	T	T	I	A	S	T
I	U	V	T	K	I	H	Z	L	F	V	B	S	Q	O	I
O	Q	Z	B	O	L	P	Ä	R	I	D	L	K	E	K	J
T	A	I	V	A	S	U	F	T	D	A	P	A	L	Y	N
Z	D	E	Q	Z	O	D	I	A	K	K	I	L	L	V	Q
D	F	M	W	G	Y	S	M	I	Z	K	M	A	H	W	S
A	T	H	K	Q	H	C	J	U	Q	M	G	G	J	C	L

ASTEROIDI
ASTRONAUTTI
TÄHDISTÖ
KOSMOS
MAA
PIMENNYS
JEVNDØGN
GALAKSI
METEORI
KUU
SUMU
OBSERVATORIO
PLANEETTA
SÄTEILY
RAKETTI
SATELLIITTI
TAIVAS
AURINKO
SUPERNOVA
ZODIAKKI

38 - Health and Wellness #2

A	F	G	T	P	A	S	R	T	O	V	Q	V	T	W	A
B	N	W	E	U	R	H	A	I	N	E	I	G	Y	H	W
P	W	A	O	N	Z	J	A	I	G	R	E	N	E	D	R
E	I	M	T	S	E	S	U	A	R	I	A	S	V	B	U
I	T	K	C	O	Y	T	E	U	O	A	O	A	B	K	O
S	B	Y	Q	Q	M	V	I	R	O	L	A	K	M	O	K
S	D	L	Z	D	N	I	J	I	G	W	M	L	L	F	A
E	G	Z	S	V	Y	T	A	L	K	W	O	I	A	V	V
R	A	V	I	T	S	E	M	U	S	K	V	N	H	I	A
T	Q	K	U	Y	S	L	C	N	T	K	A	F	I	T	L
S	Z	B	Z	W	O	B	Z	Z	E	U	P	E	E	A	I
E	L	P	Y	M	I	N	E	N	R	V	A	K	R	M	O
R	U	O	K	A	H	A	L	U	V	A	K	T	O	I	N
A	L	L	E	R	G	I	A	K	E	U	V	I	N	I	I
V	V	A	J	Z	J	C	Q	Q	K	S	L	O	T	N	A
I	L	D	N	P	T	H	P	O	D	C	B	Z	A	I	P

ALLERGIA
ANATOMIA
RUOKAHALU
VERI
KALORI
KUVAUS
RUOKAVALIO
SAIRAUS
ENERGIA
GENETIIKKA
TERVE
SAIRAALA
HYGIENIA
INFEKTIO
HIERONTA
RAVITSEMUS
ELPYMINEN
STRESSI
VITAMIINI
PAINO

39 - Disease

Q	E	H	F	K	W	L	T	A	R	T	T	U	V	A	H
I	E	Y	G	A	S	T	U	R	F	Z	K	Q	T	R	M
M	P	V	T	B	M	Z	N	M	B	T	U	E	J	R	Q
M	E	I	N	Q	J	T	Ä	A	B	V	P	B	H	F	D
U	R	N	T	M	F	S	D	L	T	A	A	O	E	O	M
N	I	V	W	G	S	Y	Y	L	W	I	L	G	Z	O	Y
I	N	O	N	C	Q	T	S	E	I	P	H	E	B	B	I
T	N	I	E	A	N	I	E	R	V	A	S	T	A	V	N
E	Ö	N	U	A	E	G	H	G	T	R	W	S	O	I	N
E	L	T	R	P	N	N	R	I	R	E	E	T	K	A	B
T	L	I	O	Q	I	E	A	A	B	T	Z	T	H	J	K
T	I	J	P	Y	N	H	T	U	L	E	H	D	U	S	S
I	N	Z	A	M	O	O	R	D	N	Y	S	O	E	J	I
F	E	G	T	C	O	K	K	I	E	H	P	Y	K	N	W
C	N	O	I	U	R	U	O	F	L	U	U	T	D	M	T
B	E	B	A	T	K	E	O	R	V	O	A	C	W	O	S

VATSA
ALLERGIA
BAKTEERI
KEHO
LUUT
KROONINEN
TARTTUVA
TERVEYS
SYDÄN
PERINNÖLLINEN
IMMUNITEETTI
TULEHDUS
LUMBALE
NEUROPATIA
KEUHKO
HENGITYS
SYNDROOMA
TERAPIA
HEIKKO
HYVINVOINTI

40 - Time

W	Y	A	K	V	A	E	Q	T	U	N	N	I	N	V	V
I	I	Ö	E	I	Z	Q	P	G	J	N	C	K	T	W	B
D	N	E	L	I	E	I	T	E	H	U	E	A	G	S	J
Z	A	M	L	K	V	U	O	S	I	K	Y	M	M	E	N
D	L	D	O	K	B	G	O	A	E	Z	B	R	J	R	V
J	O	R	L	O	N	A	I	P	I	F	Y	B	H	J	A
A	A	F	B	K	E	O	C	D	L	K	T	O	O	A	A
I	T	T	U	U	N	I	M	M	L	V	A	L	Y	J	M
I	A	G	F	G	N	Ä	Ä	N	Ä	T	S	I	L	N	U
S	S	T	U	L	E	V	A	I	S	U	U	S	N	I	L
U	I	O	N	Z	P	W	O	N	E	R	Z	K	W	E	T
A	S	W	U	T	Ä	N	N	A	R	B	K	P	D	V	N
K	O	Q	Q	V	I	R	E	T	N	E	L	A	K	I	J
U	U	R	J	V	V	H	A	L	C	V	I	N	F	U	W
U	V	J	H	D	Ä	A	A	S	L	D	J	Y	N	U	M
K	E	S	K	I	P	Ä	I	V	Ä	I	B	T	B	F	J

ENNEN
KALENTERI
VUOSISATA
KELLO
PÄIVÄ
VUOSIKYMMEN
AIKAINEN
TULEVAISUUS
TUNNIN
MINUUTTI
KUUKAUSI
AAMU
YÖ
KESKIPÄIVÄ
NYT
PIAN
TÄNÄÄN
VIIKKO
VUOSI
EILEN

41 - Buildings

M	T	E	A	T	T	E	R	I	G	I	L	T	S	T	H
U	I	C	A	S	K	M	M	Q	R	H	Ä	E	U	E	U
S	L	Y	J	E	L	O	K	U	V	A	H	H	P	L	O
E	R	U	J	W	J	I	P	V	J	M	E	D	E	T	N
O	F	V	O	E	U	R	G	C	Y	Ö	T	A	R	T	E
K	M	U	C	K	C	O	H	I	M	K	Y	S	M	A	I
C	E	I	L	L	E	T	S	O	H	K	S	L	A	Y	S
P	P	U	V	T	U	A	C	J	T	I	T	J	R	L	T
Q	I	F	A	W	P	V	L	S	W	E	Ö	V	K	I	O
L	I	N	N	A	L	R	H	A	U	I	L	J	E	O	C
Y	D	Q	G	N	K	E	U	D	A	N	N	L	T	P	R
K	L	Q	Z	G	F	S	J	N	D	R	V	P	I	I	L
L	W	Y	Q	D	M	B	H	H	B	O	I	W	R	S	O
W	B	T	P	O	N	O	I	D	A	T	S	A	V	T	A
L	A	B	O	R	A	T	O	R	I	O	C	W	S	O	K
J	G	G	H	L	Y	L	A	T	O	Y	R	Z	K	Q	I

HUONEISTO
LATO
MÖKKI
LINNA
ELOKUVA
LÄHETYSTÖ
TEHDAS
SAIRAALA
HOSTELLI
HOTELLI
LABORATORIO
MUSEO
OBSERVATORIO
KOULU
STADION
SUPERMARKET
TELTTA
TEATTERI
TORNI
YLIOPISTO

42 - Herbalism

M	A	U	S	T	E	S	A	H	R	A	M	I	K	P	A
O	R	E	G	A	N	O	Q	D	E	U	T	L	K	E	R
P	U	U	T	A	R	H	A	U	N	T	Y	E	A	R	O
U	C	M	G	F	J	A	G	M	C	T	P	T	S	S	M
A	I	N	E	S	O	S	A	N	E	N	Y	N	V	I	A
E	U	P	O	I	S	L	E	I	N	I	L	E	I	L	A
A	F	W	F	O	M	V	I	S	V	M	R	V	T	J	T
R	O	S	M	A	R	I	I	N	I	A	B	A	F	A	T
V	I	H	R	E	Ä	L	K	L	S	K	A	L	M	T	I
K	U	K	K	A	O	O	Z	J	J	U	S	R	B	I	N
T	C	V	D	Y	Y	K	G	V	T	D	I	A	L	R	E
Y	Z	V	Z	O	N	N	N	D	A	H	L	K	A	K	N
F	Z	R	S	V	S	E	S	A	P	B	I	U	N	L	E
O	G	R	N	U	V	F	D	E	G	Y	K	U	H	O	I
V	A	L	K	O	S	I	P	U	L	I	A	N	Q	D	Y
H	Y	Ö	D	Y	L	L	I	N	E	N	M	A	L	K	T

AROMAATTINEN
BASILIKA
HYÖDYLLINEN
FENKOLI
MAKU
KUKKA
PUUTARHA
VALKOSIPULI
VIHREÄ
AINESOSA
LAVENTELI
MEIRAMI
MINTTU
OREGANO
PERSILJA
KASVI
ROSMARIINI
MAUSTESAHRAMI
RAKUUNA

43 - Vehicles

H	E	L	I	K	O	P	T	E	R	I	U	S	B	S	F
S	U	K	K	U	L	A	S	F	O	Z	D	J	L	U	J
P	O	L	K	U	P	Y	Ö	R	Ä	B	Y	U	P	K	M
S	O	U	K	W	M	Y	P	E	Z	V	J	R	R	E	E
M	C	N	T	B	B	M	O	U	S	B	K	B	V	L	T
S	F	O	P	S	D	V	B	N	Z	N	F	Y	A	L	R
R	W	C	O	I	S	S	N	A	L	U	B	M	A	U	O
K	U	K	A	T	A	A	K	N	E	R	G	Z	T	S	T
A	Q	L	E	T	E	I	S	S	U	B	L	Y	T	V	L
I	U	T	S	E	N	R	S	Y	V	J	T	N	U	E	U
L	M	T	R	K	E	O	M	G	D	G	Y	P	L	N	A
Q	A	N	O	A	V	T	O	P	N	F	C	U	U	E	D
K	N	U	O	R	W	K	L	E	N	T	O	K	O	N	E
M	D	R	T	D	W	A	A	V	K	G	B	V	K	J	F
B	N	L	C	T	I	R	O	T	T	O	O	M	U	Z	M
K	D	I	S	K	A	T	V	A	R	E	B	I	L	K	T

LENTOKONE
AMBULANSSI
POLKUPYÖRÄ
VENE
BUSSI
AUTO
LAUTTA
HELIKOPTERI
MOOTTORI
RAKETTI
SCOOTER
SUKKULA
SUKELLUSVENE
METRO
TAKSI
RENKAAT
TRAKTORI
KOULUTTAA
KUKA
VAREBIL

44 - Flowers

T	C	F	A	E	D	I	K	R	O	L	I	I	L	A	C
M	E	A	L	U	P	P	M	I	K	G	J	J	R	R	A
A	G	R	P	A	R	M	V	L	A	W	K	F	C	R	E
G	L	A	Ä	J	V	I	N	I	I	M	S	A	J	C	K
N	T	K	I	L	B	E	N	H	I	B	I	S	C	U	S
O	F	K	A	I	E	V	N	G	A	P	I	L	A	S	F
L	Y	A	N	L	S	H	S	T	O	K	M	Z	O	U	M
I	P	K	I	C	J	R	T	A	E	N	G	Y	K	U	G
A	J	N	N	E	O	P	F	I	M	L	K	Q	H	R	S
I	J	Ä	A	G	B	I	U	R	U	A	I	U	D	S	U
N	W	V	A	Q	T	F	B	E	N	V	N	B	K	I	N
E	N	I	P	D	B	T	P	M	I	D	O	E	W	K	F
D	E	Ä	P	V	Z	O	S	U	K	J	I	F	C	S	A
R	C	P	L	O	Y	T	M	L	K	W	P	D	D	K	P
A	K	K	U	K	I	O	V	P	O	O	U	L	V	Y	Q
G	F	W	T	D	J	O	O	H	Y	E	P	T	Y	Z	E

KIMPPU
APILA
PÄIVÄNKAKKARA
VOIKUKKA
GARDENIA
HIBISCUS
JASMIINI
LAVENTELI
LIILA
LILJA
MAGNOLIA
ORKIDEA
PIONI
TERÄLEHTI
PLUMERIA
UNIKKO
RUUSU
AURINGONKUKKA
TULPPAANI

45 - Health and Wellness #1

L	P	O	R	K	Q	B	S	T	L	A	H	P	V	O	U
Ä	C	J	F	G	C	A	O	G	T	Ä	I	O	Z	B	B
Ä	I	Z	T	E	S	K	A	H	I	L	Ä	F	I	I	A
K	M	S	U	M	U	T	T	O	T	M	U	K	N	T	P
Ä	N	Z	S	H	R	E	A	A	I	P	A	R	E	T	O
R	H	Ä	D	G	I	E	K	M	K	W	K	T	N	U	M
I	N	B	L	Q	V	R	T	M	K	E	K	P	I	U	U
S	I	H	O	K	A	I	I	A	E	S	I	T	M	L	R
K	V	J	G	E	Ä	T	I	V	E	F	N	J	U	E	T
E	P	Y	C	O	D	O	V	W	T	T	I	N	T	G	U
L	E	P	K	G	M	M	I	Y	P	V	L	Y	U	K	M
F	Q	W	I	B	K	R	N	B	A	Y	K	C	O	O	A
E	Y	P	B	N	V	E	E	T	M	K	Q	V	T	C	A
R	I	M	U	U	Q	H	N	T	F	A	Z	F	N	G	H
O	F	W	P	V	G	R	K	R	Z	P	Z	S	E	C	B
G	N	D	Y	T	K	O	R	K	E	U	S	E	R	N	J

AKTIIVINEN
BAKTEERIT
LUUT
KLINIKKA
LÄÄKÄRI
MURTUMA
TOTTUMUS
KORKEUS
NÄLKÄ
VAMMA
LÄÄKE
LIHAKSET
HERMOT
APTEEKKI
REFLEKSI
RENTOUTUMINEN
IHO
TERAPIA
HOITO
VIRUS

46 - Town

D	G	M	T	N	J	N	B	T	H	N	H	O	P	T	K
V	Q	U	N	I	I	V	F	W	O	M	O	P	I	E	L
T	E	S	Q	I	F	A	J	O	T	S	A	J	R	I	K
D	Z	E	U	U	D	H	Z	U	E	Z	A	D	A	P	R
S	N	O	I	D	A	T	S	F	L	I	P	W	P	P	V
U	E	T	H	Y	G	F	H	Q	L	W	P	N	H	H	C
P	L	S	H	P	G	U	Z	G	I	Q	U	T	I	L	T
E	Ä	I	K	G	A	L	L	E	R	I	A	P	E	E	V
R	I	P	E	L	M	A	P	T	E	E	K	K	I	B	D
M	N	O	Z	L	I	A	T	E	A	T	T	E	R	I	K
A	T	I	H	C	O	N	R	Y	T	D	M	V	R	I	O
R	A	L	V	I	W	K	I	K	K	N	A	P	H	R	U
K	R	Y	O	A	K	A	U	K	K	E	Z	K	I	F	L
E	H	I	F	Y	P	N	C	V	K	I	P	J	J	A	U
T	A	O	V	E	Q	A	W	M	A	A	N	F	E	C	R
K	A	H	V	I	L	A	W	N	Z	S	C	A	A	O	C

LUFTHAVN
LEIPOMO
PANKKI
KAHVILA
ELOKUVA
KLINIKKA
GALLERIA
HOTELLI
KIRJASTO
MARKKINA
MUSEO
APTEEKKI
KOULU
STADION
KAUPPA
SUPERMARKET
TEATTERI
YLIOPISTO
ELÄINTARHA

47 - Antarctica

Y	T	E	R	A	A	S	S	B	P	W	P	R	N	G	N
M	T	O	T	T	U	U	M	A	A	N	T	I	E	D	E
P	O	U	P	N	K	E	C	V	Q	Q	P	S	N	L	N
Ä	M	U	T	O	I	H	Q	A	J	I	D	B	I	I	I
R	U	U	J	K	G	D	V	D	J	L	I	M	M	N	V
I	V	L	I	P	I	R	E	E	R	B	S	I	Ä	T	I
S	L	A	H	T	I	J	A	W	J	U	R	L	T	U	K
T	L	J	Ä	Ä	N	J	A	F	D	Z	E	A	T	U	T
Ö	S	Ä	G	Y	A	V	A	Y	I	S	T	A	Y	G	U
E	L	L	M	S	R	E	M	J	S	A	K	R	L	Y	Y
E	P	U	Z	P	V	S	I	U	E	S	I	E	I	Z	M
L	C	Q	A	W	Ö	I	M	I	U	O	K	N	Ä	F	S
E	O	E	W	P	K	T	E	J	G	N	U	I	S	C	Q
S	H	O	G	Z	M	P	I	L	T	A	N	M	I	T	Y
P	P	S	Q	I	H	N	N	L	H	A	T	V	W	H	G
I	H	P	V	T	C	O	N	G	A	M	A	R	G	V	V

LAHTI
LINTU
PILVI
SÄILYTTÄMINEN
MAANOSA
YMPÄRISTÖ
RETKIKUNTA
MAANTIEDE
ISBREER
JÄÄN
SAARET
MUUTTO
MINERAALI
NIEMIMAA
TUTKIJA
KIVINEN
LÄMPÖTILA
TOPOGRAFIA
VESI

48 - Fashion

T	T	B	O	U	T	I	Q	U	E	Q	E	Y	C	A	H
N	E	N	I	L	L	U	D	E	M	P	K	R	D	L	I
R	E	P	F	Q	S	R	P	B	W	I	N	H	R	K	E
A	K	W	Z	Z	H	M	S	M	J	S	T	I	J	U	N
K	K	A	O	P	T	B	I	D	U	T	D	A	Q	P	O
E	I	V	L	O	O	R	Q	U	J	I	I	K	T	E	S
N	N	A	M	L	J	O	V	K	H	P	B	D	I	R	T
N	I	K	O	B	I	K	U	V	I	O	L	Y	N	Ä	U
E	A	U	V	K	Z	S	Ä	K	I	L	Y	Y	T	I	N
A	P	M	S	W	D	B	R	O	D	E	R	I	M	N	U
K	L	M	N	A	L	K	K	R	W	C	B	L	O	E	T
P	R	A	K	T	I	S	K	A	O	M	Q	Y	D	N	Q
S	U	U	N	T	A	U	S	T	N	K	H	Y	E	H	C
V	A	A	T	I	M	A	T	O	N	G	T	T	R	T	Y
F	N	V	A	A	T	E	C	Z	S	I	A	O	N	K	G
M	U	D	P	Z	P	N	O	K	C	M	F	S	I	Q	V

EDULLINEN
BOUTIQUE
PAINIKKEET
VAATE
MUKAVA
TYYLIKÄS
BRODERI
KALLIS
KANGAS
PITSI
MITAT
MODERNI
VAATIMATON
ALKUPERÄINEN
KUVIO
PRAKTISK
HIENOSTUNUT
TYYLI
RAKENNE
SUUNTAUS

49 - Human Body

S	Z	H	A	N	V	M	Y	J	Y	J	H	U	B	S	P
Y	R	F	A	Y	P	K	H	O	A	K	U	E	L	S	V
D	L	Q	I	P	K	N	B	M	M	L	K	I	I	M	K
Ä	N	E	N	Ä	Ä	P	A	K	L	O	K	D	Z	B	L
N	Y	T	U	Ä	S	A	I	K	W	H	K	A	U	S	T
G	N	N	Q	Ä	I	M	R	O	S	I	V	J	M	Y	U
V	O	V	W	P	D	V	E	C	Y	E	M	I	O	G	Z
L	U	U	T	R	D	Y	V	H	E	G	I	H	S	U	R
U	B	B	O	Ä	K	W	A	M	U	C	C	T	C	U	C
V	N	I	V	N	Z	O	Y	I	C	W	R	R	W	Q	U
C	E	P	S	Y	F	E	R	I	F	T	O	V	I	A	U
Q	Z	L	A	Y	J	N	W	V	L	E	O	L	F	Z	F
T	O	A	K	K	L	I	N	L	A	L	U	A	K	H	A
V	S	S	U	T	K	H	T	O	N	U	F	F	Y	B	J
B	F	R	E	P	K	W	G	P	W	U	W	M	O	Y	M
L	U	Z	Z	U	A	B	P	Z	N	H	L	L	A	L	Y

NILKKA
VERI
LUUT
AIVOT
LEUKA
KORVA
KYYNÄRPÄÄ
KASVOT
SORMI
KÄSI
PÄÄ
SYDÄN
POLVI
JALKA
HUULET
SUU
KAULA
NENÄ
OLKAPÄÄ
IHO

50 - Musical Instruments

H	G	L	L	I	A	V	I	U	L	U	T	F	F	M	I
R	H	U	U	L	I	H	A	R	P	P	U	Z	P	A	O
Z	D	L	R	W	P	Z	W	Q	T	A	W	G	C	R	K
I	N	I	I	L	O	D	N	A	M	P	N	B	N	I	R
F	T	U	P	M	U	R	T	N	U	L	I	M	V	M	C
D	T	H	S	A	K	S	O	F	O	N	I	A	H	B	K
T	R	B	I	C	U	S	L	I	M	H	Y	R	N	A	L
F	P	K	H	I	N	I	I	R	U	B	M	A	T	O	A
S	A	B	Q	H	T	B	A	N	J	O	H	T	T	W	R
E	T	G	N	O	G	T	O	P	T	Y	M	I	Z	F	I
L	F	H	O	O	B	O	E	A	W	K	A	K	R	S	N
L	M	M	S	T	A	U	G	P	H	A	R	P	P	U	E
O	Y	G	G	J	T	A	Z	K	M	S	U	I	Q	D	T
Q	E	V	O	S	V	I	H	A	N	U	U	S	A	P	T
D	P	V	R	D	W	N	A	A	F	V	R	I	F	P	I
H	K	W	Y	F	Z	Q	E	C	O	I	W	T	H	A	O

BANJO
FAGOTTI
SELLO
KLARINETTI
RUMPU
HUILU
GONG
KITARA
HUULIHARPPU
HARPPU
MANDOLIINI
MARIMBA
OBOE
PIANO
SAKSOFONI
TAMBURIINI
PASUUNA
TRUMPETTI
VIULU

51 - Fruit

N	O	W	A	O	A	N	V	Z	W	L	P	I	R	G	M
E	D	B	C	Y	I	P	A	B	W	D	Y	U	Y	U	E
K	U	R	P	C	F	I	R	Q	Q	B	H	K	P	A	L
T	M	R	F	S	G	D	O	I	V	I	I	K	Ä	V	O
A	P	A	J	N	O	I	M	N	K	Y	H	S	L	A	N
R	Ä	W	R	D	P	V	E	K	W	O	A	Z	E	P	I
I	Ä	E	P	J	B	B	N	W	H	B	O	G	N	A	M
I	R	I	N	A	A	N	A	B	W	U	V	S	E	G	P
N	Y	S	V	K	O	K	O	S	N	Ø	T	T	I	K	E
I	N	S	A	G	D	V	I	I	K	U	N	A	R	I	R
M	Ä	N	D	B	A	A	R	W	D	Y	U	R	W	R	S
F	B	A	E	G	K	I	N	B	V	U	J	E	R	S	I
M	K	R	L	A	O	L	Q	A	W	S	P	M	S	I	K
A	A	O	M	N	V	L	P	N	N	Y	Z	Q	V	K	K
A	H	Q	A	K	A	W	T	U	S	A	Q	E	Q	K	A
S	I	T	R	U	U	N	A	U	T	J	S	N	O	A	Z

OMENA
APRIKOOSI
AVOKADO
BANAANI
MARJA
KIRSIKKA
KOKOSNØTT
VIIKUNA
RYPÄLE
GUAVA
KIIVI
SITRUUNA
MANGO
MELONI
NEKTARIINI
ORANSSI
PERSIKKA
PÄÄRYNÄ
ANANAS
VADELMA

52 - Engineering

D	V	U	C	F	O	P	J	O	J	M	H	M	K	K	V
E	I	R	O	T	T	O	O	M	K	O	K	D	B	A	A
W	L	E	N	O	K	P	G	R	Z	S	Y	T	P	A	I
E	Y	Z	S	H	A	L	K	A	I	S	I	J	A	V	H
H	Y	E	M	E	A	S	L	P	C	U	P	I	V	I	D
J	E	A	I	V	L	N	R	E	L	A	A	Z	O	O	E
P	N	E	N	I	M	A	T	N	E	K	A	R	R	N	N
C	B	E	W	V	I	L	E	S	K	A	L	J	B	E	N
E	B	T	N	V	Y	Q	C	N	J	V	J	N	S	J	E
V	Y	S	D	I	J	I	K	K	E	K	C	L	U	A	K
Y	A	E	B	J	M	G	C	C	Z	R	E	U	U	K	A
I	Y	N	K	O	T	E	F	P	Q	R	G	R	V	E	R
M	I	T	T	A	U	S	K	N	D	G	D	I	H	L	S
U	Y	P	M	E	S	I	G	S	P	I	N	H	A	U	W
P	R	O	P	U	L	S	I	O	A	S	Y	Y	V	Y	S
M	R	D	K	E	A	I	B	K	U	L	M	A	P	H	J

KULMA
AKSELI
LASKEMINEN
RAKENTAMINEN
SYVYYS
KAAVIO
HALKAISIJA
DIESEL
JAKELU
ENERGIA
VAIHDE
VIPU
NESTE
KONE
MITTAUS
MOOTTORI
PROPULSIO
VAKAUS
VAHVUUS
RAKENNE

53 - Kitchen

U	G	C	O	E	K	R	K	U	H	P	C	O	K	S	U
U	R	K	N	S	O	A	P	E	S	A	K	O	U	R	A
N	I	Y	F	I	Q	N	N	Y	N	K	B	H	N	E	R
I	L	A	U	L	N	I	Z	N	P	A	C	L	C	L	E
L	L	Q	A	I	R	I	U	I	U	S	D	U	J	F	S
K	I	K	C	I	K	L	S	T	H	T	O	K	I	A	E
P	E	S	Y	N	T	S	H	O	I	I	P	S	Z	G	P
V	Y	N	K	A	T	A	I	K	P	N	M	O	P	S	T
E	K	B	A	F	F	T	T	I	P	U	K	T	B	Y	I
I	E	R	F	R	U	U	R	U	A	F	R	A	C	Ö	N
T	E	E	T	S	U	A	M	P	A	S	M	K	V	D	E
S	J	R	D	L	A	L	W	Ä	K	Y	Y	I	K	Ä	I
E	L	W	Z	K	F	C	A	M	Ä	N	I	S	N	I	S
T	K	A	T	T	I	L	A	Ö	Ä	Z	J	U	C	V	U
I	C	A	A	H	I	O	E	Y	J	H	A	L	S	A	Y
P	Y	M	J	V	M	A	J	S	S	O	Q	N	E	C	Y

ESILIINA
KULHO
SYÖMÄPUIKOT
KUPIT
RUOKA
GAFLER
PAKASTIN
GRILLI
PURKKI
KANNU
KATTILA
VEITSET
LAUTASLIINA
UUNI
RESEPTI
JÄÄKAAPPI
MAUSTEET
SIENI
LUSIKAT
SYÖDÄ

54 - Government

L	N	E	N	I	L	L	A	H	U	A	R	J	R	N	I
P	P	O	T	O	U	L	N	W	T	I	P	M	W	D	O
P	O	I	J	S	G	C	C	C	T	Z	P	N	Q	S	G
R	E	T	T	S	L	I	G	R	B	A	V	N	V	B	G
K	H	L	C	U	U	D	E	M	O	K	R	A	T	I	A
A	U	A	T	E	P	T	T	A	S	A	A	R	V	O	K
N	P	V	A	K	K	I	I	T	I	L	O	P	V	M	A
S	C	A	A	I	M	U	I	T	Z	H	L	J	A	J	N
A	F	S	P	O	M	W	F	R	S	T	C	I	P	O	S
L	S	I	V	I	I	L	I	B	I	N	R	U	A	H	A
L	K	E	S	K	U	S	T	E	L	U	O	U	U	T	K
I	T	T	N	E	M	U	N	O	M	L	L	K	S	A	U
N	G	K	A	N	S	A	L	A	I	S	U	U	S	J	N
E	I	U	B	A	C	Q	B	S	N	Q	O	O	J	A	T
N	P	E	V	E	S	Y	M	B	O	L	I	Y	S	Z	A
R	O	L	L	A	K	I	G	V	S	A	V	S	S	H	H

KANSALAISUUS
SIVIILI-
KONSTITUSJON
DEMOKRATIA
KESKUSTELU
PIIRI
TASA-ARVO
RETTSLIG
OIKEUS
LAKI
JOHTAJA
VAPAUS
MONUMENTTI
KANSAKUNTA
KANSALLINEN
RAUHALLINEN
POLITIIKKA
PUHE
VALTIO
SYMBOLI

55 - Art Supplies

U	I	V	A	S	Z	Y	S	M	E	Z	M	M	I	V	P
D	T	T	E	Y	E	F	L	B	S	E	L	A	D	F	Y
R	I	P	T	S	N	M	H	G	B	G	L	A	E	Z	Y
U	L	J	S	U	I	L	Y	Y	R	K	A	L	O	N	H
K	L	P	U	T	L	R	P	Ö	Y	T	Ä	I	I	P	E
V	E	D	M	L	E	D	E	E	R	V	C	T	T	T	K
Z	R	U	P	L	T	C	H	P	A	A	B	O	A	R	U
A	A	G	D	F	S	J	T	V	A	U	M	F	P	V	M
S	V	R	T	H	U	T	O	T	J	P	U	K	G	T	I
H	K	Z	Y	P	A	L	U	O	V	U	U	S	G	U	K
A	A	M	I	I	L	K	Q	U	A	S	O	M	T	O	B
Z	A	R	E	M	A	K	E	W	J	M	N	L	I	L	Ö
D	I	A	J	T	A	K	A	M	D	A	J	J	T	I	L
J	I	L	H	A	M	Y	M	E	B	J	Y	P	T	R	J
K	Z	H	C	N	T	N	U	Z	B	C	M	G	L	Ä	Y
S	A	N	A	N	F	Ä	J	T	Y	A	M	N	H	V	G

AKRYYLI
HARJAT
KAMERA
TUOLI
SAVI
VÄRI
LUOVUUS
MAALAUSTELINE
PYYHEKUMI
LIIMA
IDEOITA
MUSTE
ÖLJY
MAALIT
PAPERI
KYNÄ
PÖYTÄ
VESI
AKVARELLIT

56 - Science Fiction

N	V	U	K	T	U	Ä	M	I	A	Z	U	A	Y	C	A
E	E	Y	D	I	R	Ä	A	L	T	R	S	P	A	N	N
N	G	H	M	L	A	R	A	L	T	T	J	D	V	U	T
I	I	U	D	A	J	I	I	U	E	P	O	B	U	E	A
A	W	W	M	A	E	M	L	U	E	U	P	B	K	M	A
K	U	T	V	K	N	M	M	S	N	Q	L	P	O	M	P
U	T	O	P	I	A	Ä	A	I	A	H	W	N	L	R	O
A	T	H	W	M	A	I	G	O	L	O	N	K	E	T	T
K	O	F	K	E	M	N	U	G	P	U	S	F	B	T	K
P	T	M	G	K	O	E	R	C	P	V	Y	L	I	M	U
G	Z	P	Y	G	R	N	I	F	Y	O	D	Y	Z	U	T
F	A	N	T	A	S	T	I	N	E	N	H	O	G	D	L
L	G	F	Q	S	A	L	A	P	E	R	Ä	I	N	E	N
G	A	L	A	K	S	I	R	G	U	Y	J	V	F	C	J
K	I	R	J	A	T	J	G	R	U	Z	Ä	S	U	M	S
D	Y	S	T	O	P	I	A	H	C	A	R	F	I	D	P

KIRJAT
KEMIKAALIT
ELOKUVA
KAUKAINEN
DYSTOPIA
RÄJÄHDYS
ÄÄRIMMÄINEN
FANTASTINEN
ANTAA POTKUT
GALAKSI
ILLUUSIO
SALAPERÄINEN
ROMAANEJA
PLANEETTA
ROBOTTI
TEKNOLOGIA
UTOPIA
MAAILMA

57 - Geometry

P	V	U	P	K	Q	H	B	M	V	R	K	E	B	C	P
W	Y	I	C	N	E	J	D	H	Q	I	V	W	Q	S	M
P	I	N	T	A	U	A	H	M	K	N	A	T	F	U	D
T	E	O	R	I	A	M	L	U	K	N	T	U	T	U	S
Z	G	Z	N	K	O	A	E	U	B	A	K	A	A	V	Y
H	H	E	Y	J	G	B	K	R	I	K	S	M	J	U	M
F	U	B	R	Q	V	S	V	K	O	K	G	A	I	T	M
K	S	E	G	M	E	N	T	T	I	A	Q	S	S	T	E
A	Ä	D	E	L	W	K	Y	I	N	I	I	S	I	O	T
G	O	Y	W	Ö	O	O	M	L	A	N	G	A	A	L	R
P	W	Z	R	L	S	R	P	M	A	E	P	O	K	U	I
R	B	W	C	Ä	A	K	Y	O	I	N	E	W	L	C	A
W	K	F	S	T	Z	E	R	J	D	G	Y	O	A	I	K
O	C	I	V	H	U	U	Ä	B	E	Q	Y	N	H	Q	S
Y	Z	P	Y	Y	T	S	O	I	M	L	O	K	D	L	O
Z	F	F	L	A	S	K	E	M	I	N	E	N	M	H	S

KULMA
LASKEMINEN
YMPYRÄ
KÄYRÄ
HALKAISIJA
ULOTTUVUUS
YHTÄLÖ
KORKEUS
VAAKA
LOGIIKKA
MASSA
MEDIAANI
NUMERO
RINNAKKAINEN
OSA
SEGMENTTI
PINTA
SYMMETRIA
TEORIA
KOLMIO

58 - Creativity

A	V	U	K	D	G	C	A	T	I	O	I	S	I	V	M
D	I	B	R	G	R	F	G	F	N	O	B	B	W	L	I
R	N	T	R	G	I	V	Q	A	T	I	O	E	D	I	E
A	A	W	O	P	Y	F	F	S	E	T	P	E	W	P	L
M	A	I	S	U	T	I	O	N	N	I	N	K	C	O	I
A	T	S	L	F	S	Z	E	M	S	U	J	E	D	R	K
A	N	B	O	M	G	P	S	Y	I	T	K	K	V	E	U
T	O	E	M	G	A	T	I	F	T	N	R	S	A	L	V
T	P	Y	O	S	R	I	A	N	E	I	Z	E	I	I	I
I	S	T	A	I	T	O	S	S	E	S	N	L	K	N	T
N	S	E	L	K	E	Y	S	U	T	L	Y	I	U	V	U
E	A	T	U	N	N	E	M	H	T	O	N	Ä	T	O	S
N	A	B	V	N	C	G	V	C	I	F	Z	S	E	I	T
J	U	O	K	S	E	V	U	U	S	B	W	N	L	M	N
T	A	I	T	E	E	L	L	I	N	E	N	A	M	A	I
M	J	J	Y	H	S	L	C	S	M	D	J	V	A	C	B

TAITEELLINEN
AITOUS
SELKEYS
DRAMAATTINEN
ILMAISU
JUOKSEVUUS
IDEOITA
KUVA
MIELIKUVITUS
VAIKUTELMA
INNOITUS
INTENSITEETTI
INTUITIO
KEKSELIÄS
TUNNE
TAITO
SPONTAANI
VISIOITA
ELINVOIMA

59 - Airplanes

P	O	L	T	T	O	A	I	N	E	B	E	B	I	I	O
H	G	C	J	R	J	G	O	E	I	T	T	O	L	I	P
U	L	P	V	A	J	A	T	S	U	K	T	A	M	E	U
S	U	E	K	R	O	K	L	N	V	V	I	P	A	Y	T
P	L	Q	Y	T	S	H	E	E	A	E	T	R	I	K	F
V	I	J	C	I	Ö	U	V	N	S	B	U	T	N	B	O
R	A	K	E	N	T	A	M	I	N	E	N	M	E	V	R
Y	K	L	Q	B	S	T	Q	M	V	E	T	Y	N	P	M
P	K	V	K	D	I	N	Y	U	U	C	P	F	H	R	I
M	I	U	E	M	H	U	N	T	B	U	N	R	I	P	N
J	E	Q	S	S	E	U	O	U	I	P	N	U	S	O	G
L	S	V	F	O	I	S	R	E	E	L	R	K	T	T	D
M	Z	I	M	L	M	R	K	K	N	Y	M	S	O	K	G
M	O	O	T	T	O	R	I	S	R	K	K	A	R	U	Q
G	Z	W	B	P	O	L	L	A	P	A	M	L	I	R	M
T	A	I	V	A	S	P	D	L	W	G	E	V	A	I	T

SEIKKAILU
ILMA
ILMAINEN
ILMAPALLO
RAKENTAMINEN
MIEHISTÖ
LASKEUTUMINEN
UTFORMING
SUUNTA
MOOTTORI
POLTTOAINE
KORKEUS
HISTORIA
VETY
LASKU
MATKUSTAJA
PILOTTI
POTKURI
TAIVAS

60 - Ocean

V	Z	V	F	B	O	G	C	R	T	L	O	L	L	K	M
R	A	Y	R	N	D	H	A	I	L	L	A	R	O	K	E
N	M	L	M	Q	T	U	V	A	R	A	K	T	A	K	R
W	C	G	A	W	Ä	I	R	E	T	S	O	W	Y	S	I
Q	T	Z	W	S	V	N	D	J	Q	Q	O	M	H	I	L
K	G	W	F	L	E	E	Y	E	H	B	K	P	R	F	E
K	A	L	A	U	L	I	O	K	V	H	T	D	A	N	V
H	T	D	S	Z	V	S	D	E	P	A	E	D	P	U	Ä
O	T	S	M	U	Y	K	R	U	P	V	N	G	U	T	D
F	U	K	I	L	P	I	K	O	N	N	A	N	A	G	E
K	I	A	L	S	L	U	I	Z	U	A	M	A	A	C	L
R	R	N	U	S	A	I	R	E	K	N	A	W	Q	T	F
N	B	T	S	O	U	O	Q	F	Q	D	Z	P	Z	E	I
E	M	H	W	N	F	O	Y	H	M	Z	W	K	V	M	I
T	R	H	L	K	B	A	L	A	K	E	T	S	U	M	N
M	Y	R	S	K	Y	O	S	A	K	Y	V	V	L	F	I

LEVÄT
KORALLI
RAPU
DELFIINI
ANKERIAS
KALA
MANET
MUSTEKALA
OSTERI
RIUTTA
SUOLA
MERILEVÄ
HAI
KATKARAVUT
SIENI
MYRSKY
TIDEVANN
TUNFISK
KILPIKONNA
VALAS

61 - Force and Gravity

U	R	L	E	Z	W	V	E	V	J	A	O	N	I	A	P
L	M	F	Y	V	L	Z	A	K	I	A	L	O	D	I	C
A	Ö	F	O	F	G	W	P	U	K	A	A	P	Y	E	U
Q	F	Y	Ä	L	I	I	K	E	H	K	K	E	N	D	F
H	S	U	T	B	K	C	M	M	O	T	K	U	A	E	D
F	Y	A	S	Ö	A	K	S	E	L	I	I	S	A	T	J
R	T	F	I	V	K	V	U	U	Ö	K	I	T	M	Ä	J
K	S	H	E	A	K	V	N	U	T	S	N	T	I	I	Z
J	E	K	L	T	I	O	N	W	S	U	A	E	N	S	W
I	A	F	Y	M	I	O	E	D	I	S	K	N	E	Y	G
Q	U	Y	E	Z	S	K	J	F	E	U	E	I	N	Y	R
G	D	W	C	T	Y	W	A	S	T	U	M	A	A	S	Z
U	L	M	N	J	F	E	A	P	N	R	A	P	F	V	S
O	Y	P	H	J	B	U	L	A	I	U	H	L	B	N	U
M	A	G	N	E	T	I	S	M	I	U	U	I	K	O	H
K	E	S	K	U	S	T	A	O	K	S	F	W	T	L	G

AKSELI
KESKUSTA
LÖYTÖ
ETÄISYYS
DYNAAMINEN
LAAJENNUS
KITKA
VAIKUTUS
MAGNETISMI
SUURUUS
MEKANIIKKA
VAUHTI
LIIKE
FYSIIKKA
PAINE
KIINTEISTÖ
NOPEUS
AIKA
YLEISTÄ
PAINO

62 - Birds

J	P	H	L	K	J	O	Y	U	K	U	C	T	H	H	P
O	L	S	Y	P	O	M	S	K	A	K	K	N	A	S	E
U	Z	E	G	W	J	T	U	D	N	R	W	I	U	W	L
T	D	P	O	E	R	R	K	J	A	I	Q	C	K	L	I
S	B	K	F	C	R	Y	V	A	R	I	L	I	K	Ä	K
E	Z	U	G	N	E	T	Y	N	I	K	V	Q	A	Q	A
N	D	D	C	G	B	V	H	U	F	I	V	A	D	I	A
U	N	H	A	N	H	I	I	M	U	N	C	R	R	N	N
P	A	P	U	K	A	I	J	A	G	K	E	A	M	I	I
L	O	K	K	I	C	F	B	V	L	U	U	K	O	I	S
K	T	O	U	K	A	A	N	I	N	K	R	I	M	V	T
M	A	M	T	R	L	L	Z	O	Y	K	R	A	R	G	U
M	C	N	E	N	U	P	R	A	V	O	T	H	C	N	R
T	J	M	A	F	L	A	M	I	N	G	O	B	D	I	T
I	G	V	H	A	A	Z	L	C	A	K	W	C	U	P	S
I	N	D	O	O	W	F	L	V	U	B	P	Z	C	L	D

KANARIFUGL
KANA
VARIS
KÄKI
ANKKA
KOTKA
MUNA
FLAMINGO
HANHI
LOKKI
HAUKKA
STRUTSI
PAPUKAIJA
RIIKINKUKKO
PELIKAANI
PINGVIINI
VARPUNEN
HAIKARA
JOUTSEN
TOUKAANIN

63 - Nutrition

N	P	K	N	U	I	L	M	O	K	H	E	M	R	J	C
Æ	R	A	R	E	K	T	A	K	H	O	U	U	U	J	C
R	O	T	Z	U	C	F	R	A	M	A	K	U	O	O	L
I	T	F	M	J	O	Y	E	Z	T	H	N	S	A	J	Q
N	E	V	R	E	T	K	T	O	R	U	E	Y	N	C	F
G	I	R	O	L	A	K	A	Y	A	L	N	Ö	S	G	O
S	I	D	Q	Z	S	R	R	V	O	G	I	T	U	R	M
S	N	Z	M	D	O	Y	D	H	A	V	O	Ä	L	U	K
T	I	N	E	N	I	M	Y	Ä	K	L	N	V	A	O	A
O	N	I	A	P	C	I	H	S	M	O	I	Ä	T	K	S
F	C	T	N	V	T	L	O	M	B	B	A	O	U	A	T
F	E	C	W	K	C	W	B	W	M	P	P	Z	S	H	I
S	V	V	Q	W	D	W	R	B	G	L	A	A	M	A	K
C	L	I	N	I	I	M	A	T	I	V	S	N	P	L	E
T	E	R	V	E	Y	S	K	G	J	C	A	W	G	U	K
C	S	D	H	N	G	F	D	T	E	E	T	S	E	N	S

RUOKAHALU
TASAPAINOINEN
KATKERA
KALORI
KARBOHYDRATER
RUOKAVALIO
RUOANSULATUS
SYÖTÄVÄ
KÄYMINEN
MAKU
TERVEYS
TERVE
NESTEET
NÆRINGSSTOFF
PROTEIINI
LAATU
KASTIKE
MYRKKY
VITAMIINI
PAINO

64 - Hiking

F	O	P	W	G	C	E	R	P	S	K	I	Q	F	F	G
B	L	U	O	N	T	O	F	O	A	O	U	O	M	Y	V
H	Y	Z	K	I	R	U	W	K	A	K	R	K	R	A	I
W	W	S	N	P	J	T	E	C	P	O	H	K	P	C	R
T	Q	Z	I	M	Y	N	Z	S	P	U	V	Q	Q	M	G
V	T	A	R	A	A	V	E	V	A	S	H	V	I	F	D
S	Ä	L	U	C	Y	K	F	K	A	C	A	U	U	P	Z
O	I	S	A	K	S	A	R	A	T	T	R	A	K	U	K
R	R	R	Y	U	T	H	P	L	V	W	Y	I	W	I	B
V	E	S	I	N	A	R	V	L	D	D	L	L	L	S	Y
J	P	L	O	R	Y	Q	P	I	Z	K	I	V	I	T	L
S	U	U	N	T	A	T	W	O	R	Z	B	Z	Q	O	O
T	S	E	L	Ä	I	M	E	T	R	O	R	S	A	T	L
J	L	Ä	I	L	M	A	S	T	O	R	U	T	O	D	I
Z	N	V	Ä	V	I	L	L	I	V	B	D	V	L	M	T
Q	A	P	N	O	M	N	O	Q	P	R	R	D	P	I	O

ELÄIMET
SAAPPAAT
CAMPING
KALLIO
ILMASTO
VAARAT
RASKAS
KARTTA
VUORI
LUONTO
SUUNTA
PUISTOT
KIVI
KOKOUS
AURINKO
VÄSYNYT
VESI
SÄÄ
VILLI

65 - Professions #1

P	Y	R	Q	E	L	Ä	I	N	L	Ä	Ä	K	Ä	R	I
L	S	A	E	L	C	R	B	B	Y	K	I	S	E	A	V
Ä	E	Y	L	D	Z	C	P	H	O	H	F	I	T	M	Z
Ä	I	N	K	P	A	J	I	S	S	N	A	T	Q	M	E
K	M	A	L	O	N	K	I	F	J	T	R	S	L	E	B
Ä	O	E	J	E	L	M	T	M	J	K	G	I	A	R	M
R	L	J	Y	L	Z	O	U	Ø	Y	K	O	N	K	I	E
I	A	H	H	J	Y	L	G	U	R	Q	T	A	I	M	T
Z	P	H	J	P	K	W	R	I	S	G	R	I	M	I	S
V	A	L	M	E	N	T	A	J	A	I	A	P	I	E	Ä
L	J	P	U	T	K	I	M	I	E	S	K	M	E	S	S
N	A	R	Ä	Ä	T	Ä	L	Ö	I	D	Ä	K	S	E	T
U	T	G	E	O	L	O	G	I	G	V	B	R	O	E	Ä
J	I	R	I	I	K	K	N	A	P	S	A	P	N	R	J
G	O	A	S	I	A	N	A	J	A	J	A	P	U	U	Ä
B	H	S	K	U	L	T	A	S	E	P	P	Ä	Y	V	V

ASIANAJAJA
PANKKIIRI
KARTOGRAFI
VALMENTAJA
TANSSIJA
LÄÄKÄRI
REDAKTØR
PALOMIES
GEOLOGI
METSÄSTÄJÄ
KULTASEPPÄ
LAKIMIES
MUUSIKKO
HOITAJA
PIANISTI
PUTKIMIES
PSYKOLOGI
MERIMIES
RÄÄTÄLÖIDÄ
ELÄINLÄÄKÄRI

66 - Barbecues

S	R	T	S	E	A	C	Q	S	F	A	I	K	L	G	M
A	G	O	U	K	H	D	Q	A	J	R	O	A	I	A	U
L	M	M	Q	W	G	J	G	G	G	G	O	S	B	F	S
A	B	A	J	U	T	M	R	R	E	Q	R	T	S	L	I
A	O	A	F	T	E	S	P	A	L	V	D	I	U	E	I
T	F	T	E	W	Q	F	Z	E	G	E	R	K	E	R	K
I	C	I	I	Z	M	N	Ä	M	L	E	D	E	H	R	K
T	Y	T	L	L	S	U	O	L	A	I	J	D	R	V	I
L	S	F	L	K	L	S	T	Y	F	K	T	B	E	E	O
I	T	U	A	U	U	I	W	I	J	M	O	D	P	S	Z
K	Ä	O	L	U	Q	Z	R	V	A	L	Z	U	S	G	A
S	V	L	L	M	B	S	C	G	H	N	L	I	R	L	N
L	Ä	D	I	A	F	D	B	S	M	T	Q	E	Z	W	K
R	U	A	N	A	K	K	E	S	Ä	K	L	Ä	N	Z	T
B	I	T	E	S	T	I	E	V	W	A	I	F	S	O	J
K	S	E	N	N	A	H	I	V	J	A	W	M	E	P	A

KANA
LAPSET
ILLALLINEN
PERHE
RUOKA
GAFLER
YSTÄVÄ
HEDELMÄ
PELIT
GRILLI
KUUMA
NÄLKÄ
VEITSET
MUSIIKKI
SALAATIT
SUOLA
KASTIKE
KESÄ
TOMAATIT
VIHANNES

67 - Chocolate

M	R	Z	Y	O	F	T	S	U	K	V	T	Z	T	T	R
A	H	G	E	Z	J	V	F	E	N	A	L	O	T	A	E
K	P	G	L	K	A	T	K	E	R	A	L	O	M	E	S
U	K	P	O	Y	S	Ä	Q	K	S	I	T	O	S	K	E
W	R	R	F	S	O	N	K	F	V	E	Z	A	R	B	P
K	H	I	W	B	S	I	M	O	R	A	Z	K	U	I	T
A	E	K	A	M	E	K	L	H	P	G	S	A	U	R	I
R	R	O	U	Y	N	H	T	A	O	R	Y	A	J	E	R
A	K	U	Y	L	I	Ä	H	T	R	Q	Ö	K	K	K	T
M	U	T	Z	B	A	P	D	L	Ø	U	D	G	S	O	A
E	L	T	U	P	C	A	F	F	H	N	Ä	B	G	S	G
L	L	J	A	J	B	A	A	R	T	I	S	A	N	A	L
L	I	U	R	A	W	M	H	I	M	O	W	O	T	B	N
I	N	N	R	R	L	B	V	U	L	D	V	L	K	O	R
C	E	H	U	A	J	S	U	O	S	I	K	K	I	O	N
T	N	R	N	U	H	F	O	F	P	I	I	V	A	K	K

AROMI
ARTISANAL
KATKERA
KAAKAO
KALORI
KARAMELLI
KOKOSNØTT
HIMO
HERKULLINEN
EKSOTISK

SUOSIKKI
AINESOSA
MAAPÄHKINÄT
JAUHE
LAATU
RESEPTI
SOKERI
MAKEA
MAKU
SYÖDÄ

68 - Vegetables

S	R	U	I	L	U	P	I	S	I	T	T	O	L	A	S
F	I	S	I	I	T	E	R	I	A	V	D	R	Q	I	B
P	Y	L	K	U	D	N	S	P	R	T	J	A	J	U	Q
K	W	O	A	J	M	R	M	U	T	Q	Q	A	R	A	A
H	J	N	J	A	R	E	P	L	I	R	E	L	L	E	S
B	I	K	M	N	K	H	P	I	S	N	D	P	T	K	I
Y	L	G	T	A	A	A	C	J	O	R	D	I	O	U	R
M	U	N	A	K	O	I	S	O	K	P	L	N	M	K	U
O	P	H	J	K	D	K	S	R	K	U	L	A	A	K	A
G	I	T	L	R	M	L	U	A	A	F	V	A	A	A	N
N	S	W	I	O	J	K	S	R	L	P	N	T	T	K	K
W	O	I	S	P	A	J	I	I	P	A	B	T	T	A	G
U	K	K	R	U	K	N	E	B	I	I	A	I	I	A	D
Y	L	G	E	Q	V	Z	N	I	B	V	T	T	I	L	F
Y	A	R	P	K	T	Y	I	G	C	V	E	S	T	I	M
J	V	I	N	K	I	V	Ä	Ä	R	I	I	V	A	I	S

ARTISOKKA
PARSAKAALI
PORKKANA
KUKKAKAALI
SELLERI
KURKKU
MUNAKOISO
VALKOSIPULI
INKIVÄÄRI
SIENI
SIPULI
PERSILJA
HERNE
KURPITSA
RETIISI
SALAATTI
SALOTTISIPULI
PINAATTI
TOMAATTI
NAURIS

69 - The Media

F	C	U	I	O	R	P	C	I	S	J	E	Ä	C	D	K
W	A	G	O	M	V	E	A	J	T	O	E	L	A	I	J
S	Y	K	O	W	I	V	R	I	O	V	D	Y	D	G	K
R	I	R	T	S	U	D	N	I	N	B	P	L	E	I	W
E	C	A	N	A	L	D	H	T	E	O	R	L	Q	T	K
W	L	V	U	R	A	D	I	O	N	T	S	I	U	A	O
J	F	E	S	A	S	B	G	Q	I	O	E	N	G	A	U
D	H	N	U	W	U	G	A	O	K	K	R	E	V	L	L
A	T	Z	A	L	B	N	U	M	L	J	H	N	R	I	U
S	S	Ö	L	I	S	K	Y	M	U	S	J	S	V	N	T
S	M	E	Z	L	T	S	B	U	J	U	E	T	A	E	U
O	F	C	N	E	N	I	L	L	A	P	U	A	K	N	S
K	Q	T	Ä	T	N	I	T	S	E	I	V	V	F	S	G
R	L	K	V	I	E	R	A	H	O	I	T	U	S	T	I
E	H	B	I	H	N	E	N	I	L	L	A	K	I	A	P
V	I	J	J	V	S	B	T	A	V	P	K	L	F	E	K

ASENTEET
KAUPALLINEN
VIESTINTÄ
DIGITAALINEN
PAINOS
KOULUTUS
FAKTA
RAHOITUS
YKSILÖ
INDUSTRI
ÄLYLLINEN
PAIKALLINEN
VERKKO
VERKOSSA
LAUSUNTO
KUVAT
JULKINEN
RADIO

70 - Boats

L	P	Z	V	V	A	L	T	A	M	E	R	I	Q	E	E
J	F	J	W	U	B	W	L	Q	K	Z	Y	E	L	J	K
A	O	Q	A	Z	O	G	Z	P	O	K	Y	R	I	N	A
N	T	K	C	U	Q	R	P	U	R	J	E	V	E	N	E
K	S	G	I	R	E	M	O	M	E	P	B	T	F	E	E
K	A	I	B	E	M	M	P	V	N	J	I	E	L	B	M
U	M	T	R	O	T	E	K	M	E	E	L	L	I	J	I
R	K	H	E	M	V	R	K	I	V	S	H	A	D	Ä	G
I	A	A	L	T	O	I	Ö	E	S	Y	I	K	B	R	W
K	A	J	A	K	K	M	Y	H	U	G	R	K	C	V	C
P	O	S	L	B	I	I	S	I	T	W	O	A	D	I	T
N	O	C	M	H	Q	E	I	S	S	A	T	T	U	A	L
D	N	I	A	C	S	S	B	T	A	O	T	N	E	K	P
W	I	H	J	F	L	I	N	Ö	L	A	O	S	J	K	S
R	L	G	H	U	G	O	N	N	E	Q	O	J	H	T	N
K	A	N	O	O	T	T	I	R	P	S	M	E	S	N	O

ANKKURI
POIJU
KANOOTTI
MIEHISTÖ
TELAKKA
MOOTTORI
LAUTTA
KAJAKK
JÄRVI
PELASTUSVENE
MASTO
VALTAMERI
JOKI
KÖYSI
PURJEVENE
MERIMIES
MERI
VUOROVESI
AALTO
JAHTI

71 - Activities and Leisure

P	R	S	T	R	O	M	L	K	W	W	K	I	L	P	A
M	A	T	K	U	S	T	A	A	A	W	K	I	C	B	E
I	C	R	U	K	B	S	U	M	V	L	R	R	Q	O	P
K	N	E	L	T	G	O	L	L	A	P	A	K	L	A	J
O	C	I	I	E	E	Q	Q	F	T	K	N	S	A	H	N
R	J	Z	A	S	I	N	N	E	T	V	Y	I	T	K	S
I	A	D	T	K	Y	C	L	A	U	A	R	V	U	U	D
P	O	B	U	U	F	K	S	T	O	E	K	O	O	C	S
A	S	B	A	T	C	V	U	M	T	L	K	Q	E	F	F
L	T	E	L	S	P	A	Z	C	N	L	E	Y	D	U	Y
L	O	Y	E	A	E	O	M	I	E	U	I	U	I	M	A
O	K	Z	N	R	B	B	P	P	R	S	L	U	A	W	J
I	S	D	I	R	R	H	A	M	I	L	Y	C	T	K	M
L	E	W	A	A	I	K	V	L	A	N	S	K	W	C	W
Y	T	Q	L	H	G	O	L	F	L	F	G	T	O	I	G
S	U	K	E	L	L	U	S	M	A	A	L	A	U	S	R

TAIDE
BASEBALL
KORIPALLO
NYRKKEILY
CAMPING
SUKELLUS
KALASTUS
GOLF
VAELLUS
HARRASTUKSET
MAALAUS
KILPA
RENTOUTTAVA
OSTOKSET
JALKAPALLO
LAINELAUTAILU
UIMA
TENNIS
MATKUSTAA

72 - Driving

P	P	M	W	F	I	Z	H	A	S	G	E	G	Y	H	M
O	O	K	J	A	L	A	N	K	U	L	K	I	J	A	O
L	L	Y	A	M	L	J	W	G	U	Q	T	O	K	A	O
I	T	C	R	R	A	A	W	O	S	C	F	Ä	U	U	T
I	T	Y	K	U	T	T	D	P	I	E	T	R	K	T	T
S	O	R	F	R	O	T	H	T	L	I	U	Ö	A	O	O
I	A	R	L	J	T	E	A	M	L	R	N	Y	B	U	R
N	I	D	U	B	U	J	V	P	A	D	N	P	H	R	I
M	N	D	O	O	A	L	Y	Q	V	L	E	I	N	C	U
U	E	I	T	M	W	U	C	S	R	I	L	R	J	C	V
Z	V	C	S	R	N	K	M	Q	U	S	I	O	M	R	O
I	O	A	J	A	R	R	U	T	T	E	U	T	I	E	S
D	Q	H	A	K	A	A	S	U	Y	N	P	T	U	W	E
V	K	L	V	R	J	H	H	Z	Z	S	K	O	P	L	O
A	N	C	Q	D	A	Z	U	U	J	S	I	O	N	H	V
L	I	I	K	E	N	N	E	N	L	I	N	M	P	N	S

JARRUT
AUTO
VAARA
KULJETTAJA
POLTTOAINE
AUTOTALLI
KAASU
LISENSSI
KARTTA
MOOTTORI
MOOTTORIPYÖRÄ
JALANKULKIJA
POLIISI
TIE
TURVALLISUUS
NOPEUS
LIIKENNE
KUKA
TUNNELI

73 - Biology

Q	A	N	C	H	E	R	M	O	L	R	T	P	M	A	L
M	F	L	D	K	O	L	L	A	G	E	E	N	I	Y	U
A	U	M	A	T	E	L	I	J	A	F	F	C	O	K	O
V	S	T	I	R	E	E	T	K	A	B	D	L	W	G	N
L	Y	L	A	N	R	R	W	B	U	T	R	R	A	V	N
M	N	T	W	A	W	D	I	V	U	I	B	Q	P	N	O
I	A	D	U	O	T	E	V	O	L	U	U	T	I	O	L
S	P	H	D	A	U	I	I	N	O	R	U	E	N	K	L
O	S	E	C	W	Q	J	O	S	S	F	J	S	O	R	I
O	I	Y	N	P	T	Q	D	A	O	D	L	Ä	M	O	N
I	S	E	E	T	N	Y	S	O	T	O	F	K	R	M	E
B	G	M	O	R	S	S	T	V	E	A	M	Ä	O	O	N
M	F	U	Z	C	Y	Y	P	Y	W	P	C	S	H	S	J
Y	Q	L	M	M	I	I	Y	O	A	L	K	I	O	O	F
S	R	M	O	B	S	A	I	M	O	T	A	N	A	M	L
P	R	O	T	E	I	I	N	I	I	E	R	T	A	I	N

ANATOMIA
BAKTEERIT
SOLU
KROMOSOMI
KOLLAGEENI
ALKIO
ENTSYYMI
EVOLUUTIO
HORMONI
NISÄKÄS
MUTAATIO
LUONNOLLINEN
HERMO
NEURONI
OSMOOSI
FOTOSYNTEESI
PROTEIINI
MATELIJA
SYMBIOOSI
SYNAPSI

74 - Professions #2

H	W	B	T	K	E	M	I	S	T	I	A	H	O	K	Q
A	N	A	W	L	Ä	Ä	K	Ä	R	I	J	M	P	E	I
M	V	A	L	O	K	U	V	A	A	J	A	F	E	K	R
M	K	S	U	T	E	W	M	I	A	O	T	I	T	S	A
A	L	B	Z	O	H	D	Z	T	J	E	T	L	T	I	L
S	A	C	E	I	G	O	L	O	I	B	I	O	A	J	A
L	S	P	T	M	S	H	R	P	K	D	V	S	J	Ä	A
Ä	T	R	S	I	Z	O	M	M	T	N	U	O	A	Y	M
Ä	R	O	I	T	O	N	M	R	U	P	K	F	B	T	E
K	O	F	V	T	S	P	J	D	T	V	N	I	J	C	D
Ä	N	E	Ä	A	I	T	I	R	Ö	Ö	N	I	S	N	I
R	A	S	M	J	Ä	J	I	L	E	J	L	I	V	G	A
I	U	S	A	A	J	Q	A	D	O	U	L	R	J	H	T
U	T	O	L	I	R	U	H	R	A	T	U	U	P	P	F
Q	T	R	E	T	E	U	E	K	Q	Z	T	R	S	V	O
R	I	I	G	R	U	R	I	K	U	T	U	I	J	W	B

ASTRONAUTTI
BIOLOGI
KEMISTI
HAMMASLÄÄKÄRI
ETSIVÄ
INSINÖÖRI
VILJELIJÄ
PUUTARHURI
KUVITTAJA
KEKSIJÄ
TOIMITTAJA
TAIDEMAALARI
FILOSOFI
VALOKUVAAJA
LÄÄKÄRI
PILOTTI
PROFESSORI
TUTKIJA
KIRURGI
OPETTAJA

75 - Emotions

J	W	Z	Y	L	L	Ä	T	Y	S	E	S	R	S	B	P
T	Y	Y	T	Y	V	Ä	I	N	E	N	U	Q	Z	R	J
R	I	N	N	O	I	S	S	A	A	N	U	B	B	S	J
J	A	Y	Q	N	E	N	I	L	L	O	T	I	I	K	B
H	V	K	Y	E	V	G	G	D	I	T	U	J	N	P	S
Y	O	E	K	O	S	M	N	N	A	N	T	R	N	V	Z
C	A	H	L	A	P	D	I	S	B	E	T	K	A	V	Z
I	N	T	A	I	U	D	M	P	O	R	A	H	U	A	R
Y	I	F	G	L	B	S	L	R	T	S	A	I	A	Z	U
S	U	R	U	L	L	I	S	U	U	S	I	L	U	M	I
M	Y	Ö	T	Ä	T	U	N	T	O	V	L	O	T	E	A
T	W	Y	A	O	N	E	N	I	L	L	A	H	U	A	R
S	U	T	T	N	K	H	E	L	L	Y	Y	S	U	Q	K
R	K	S	I	S	Ä	L	T	Ö	L	N	V	S	S	D	W
N	P	W	P	G	H	U	E	H	E	L	P	O	T	U	S
C	T	O	W	Y	V	P	Z	P	P	M	Q	Z	P	Y	S

SUUTUTTAA
AUTUUS
RAUHALLINEN
SISÄLTÖ
INNOISSAAN
PELKO
KIITOLLINEN
ILO
RAKKAUS
RAUHA
RENTO
HELPOTUS
SURULLISUUS
TYYTYVÄINEN
YLLÄTYS
MYÖTÄTUNTO
HELLYYS

76 - Mythology

F	L	E	V	V	A	H	V	U	U	S	S	L	Z	M	U
P	I	T	A	O	T	N	E	L	O	U	A	A	H	G	K
D	W	E	F	W	W	A	T	O	T	E	N	B	G	A	K
F	I	S	B	K	Q	F	I	K	D	T	K	Y	P	P	O
A	R	K	E	T	Y	P	E	V	M	A	A	R	E	Q	N
D	A	U	S	J	N	H	A	Y	A	K	R	I	I	Z	E
N	K	M	G	O	U	M	B	T	G	S	I	N	T	Y	N
E	N	O	G	G	T	M	I	R	U	U	T	T	L	U	K
G	A	K	I	I	E	U	A	N	T	W	A	T	L	Q	F
E	S	S	T	V	O	D	R	L	S	F	R	I	W	V	Z
L	D	U	D	N	O	D	C	I	A	Z	S	H	N	Y	A
K	A	T	A	S	T	R	O	F	I	T	A	I	E	F	R
K	P	R	T	H	S	N	J	W	E	O	L	R	U	H	E
H	L	F	L	U	O	M	I	N	E	N	A	V	L	L	Q
O	F	I	W	L	K	N	G	F	V	T	M	I	P	Y	M
K	U	O	L	E	V	A	I	N	E	N	A	Ö	M	G	H

ARKETYPE
USKOMUKSET
LUOMINEN
OLENTO
KULTTUURI
JUMALAT
KATASTROFI
TAIVAS
SANKARI
SANKARITAR
KATEUS
LABYRINTTI
LEGENDA
SALAMA
HIRVIÖ
KUOLEVAINEN
KOSTO
VAHVUUS
UKKONEN
SOTURI

77 - Agronomy

S	M	A	A	S	E	U	D	U	N	I	W	L	H	Q	H
K	A	O	F	O	R	U	R	E	N	S	N	I	N	G	Y
M	A	I	W	J	D	V	T	U	T	K	I	M	U	S	H
H	H	S	R	L	Z	S	H	B	W	M	E	G	D	H	E
K	C	O	V	A	R	A	B	V	O	A	V	E	S	I	M
N	G	O	K	I	U	K	O	V	R	A	P	W	Q	C	J
F	D	R	Y	G	T	D	Z	I	G	T	U	O	U	A	G
S	W	E	Y	O	D	J	E	G	A	A	R	U	O	K	A
K	Y	C	M	L	P	Y	D	T	A	L	A	Z	U	F	Y
K	P	S	U	O	N	C	E	Q	N	O	Y	S	O	U	L
O	B	P	T	K	B	A	I	F	I	U	S	N	A	R	L
V	Y	I	O	E	B	H	T	S	N	S	U	Z	M	Z	A
T	E	N	E	M	E	I	S	S	E	N	N	A	H	I	V
D	P	E	R	W	K	M	O	T	N	A	T	O	U	T	C
E	N	E	R	G	I	A	I	L	A	N	N	O	I	T	E
M	H	C	D	G	R	F	Ö	T	S	I	R	Ä	P	M	Y

MAATALOUS
SAIRAUDET
EKOLOGIA
ENERGIA
YMPÄRISTÖ
EROOSIO
LANNOITE
RUOKA
KASVU
ORGAANINEN
KASVIT
FORURENSNING
TUOTANTO
MAASEUDUN
TIEDE
SIEMENET
TUTKIMUS
SYSTEEMIT
VIHANNES
VESI

78 - Hair Types

K	U	F	O	M	Y	Z	K	Z	K	K	R	T	V	E	G
A	M	Z	Y	U	S	K	A	P	I	U	Q	M	Ä	K	E
E	A	V	A	S	T	O	B	C	H	I	I	Z	R	I	A
L	V	L	Y	T	Y	H	Y	L	A	V	W	H	I	I	C
A	A	H	T	A	R	S	O	F	R	A	C	A	L	L	L
A	L	T	U	O	U	T	Q	T	A	B	W	R	L	T	P
V	K	Y	H	G	I	N	N	O	V	K	B	M	I	Ä	E
Y	O	G	O	V	G	L	F	L	W	F	Y	A	N	V	H
Y	I	Q	A	K	R	W	E	V	R	E	T	A	E	Ä	M
F	N	I	O	E	K	U	M	V	F	V	A	A	N	K	E
Q	E	C	J	L	B	P	S	Y	A	T	R	H	R	T	Ä
J	N	J	B	N	L	U	V	K	E	T	A	O	B	I	G
P	O	L	L	D	S	N	J	O	E	M	H	U	I	P	C
Q	A	M	V	O	Q	O	Q	L	N	A	I	I	H	O	S
G	V	M	U	S	S	S	Q	G	A	O	K	T	M	Z	W
P	U	N	O	T	T	U	Y	P	F	K	C	U	Z	T	G

KALJU
MUSTA
VAALEA
PUNOTTU
PUNOS
RUSKEA
VÄRILLINEN
KIHARAT
KIHARA
KUIVA
HARMAA
TERVE
PITKÄ
KIILTÄVÄ
LYHYT
PEHMEÄ
PAKSU
OHUT
AALTOILEVA
VALKOINEN

79 - Garden

O	H	O	U	R	N	K	O	W	C	O	U	Q	F	A	G
T	E	I	K	R	Q	U	U	J	Z	V	G	Z	P	U	R
T	D	P	T	C	C	Q	R	I	P	M	A	L	P	T	P
A	E	A	E	F	Z	J	D	M	S	T	T	E	U	O	E
M	L	L	L	B	F	Y	J	I	I	T	K	Z	U	T	W
U	M	N	Q	C	S	O	T	U	J	K	I	I	T	A	F
P	Ä	R	E	P	A	A	M	E	Q	R	K	Z	A	L	G
P	T	U	P	Q	C	T	K	G	U	W	K	O	R	L	W
I	A	T	I	A	H	N	N	O	E	Q	Q	K	H	I	C
I	R	R	C	Q	I	N	I	I	L	O	P	M	A	R	T
R	H	R	A	P	U	S	K	A	C	B	P	T	U	N	U
R	A	Q	A	K	K	U	K	Z	R	O	L	I	I	J	S
I	S	S	A	R	E	T	N	J	G	P	M	I	K	R	Y
O	K	E	Q	O	S	S	E	R	G	U	U	O	U	F	Y
R	D	K	Y	E	G	Z	P	Q	D	P	U	U	Y	I	R
G	Z	M	J	K	W	Y	P	M	E	F	G	S	F	N	V

PENKKI
PUSKA
AITA
KUKKA
AUTOTALLI
PUUTARHA
RUOHO
RIIPPUMATTO
LETKU
NURMIKKO
HEDELMÄTARHA
LAMPI
KUISTI
RAKE
LAPIO
MAAPERÄ
TERASSI
TRAMPOLIINI
PUU
UGRESS

80 - Diplomacy

H	O	P	Ä	Ä	T	Ö	S	Z	P	S	M	S	B	R	R
K	A	V	O	P	F	D	Y	T	O	O	Q	A	D	T	A
N	A	L	I	O	Q	U	E	I	L	P	I	T	M	U	T
T	I	M	L	H	H	N	H	D	I	I	Z	K	N	R	K
B	Ö	J	P	I	Z	P	E	J	T	M	C	F	Z	V	A
R	Y	C	Q	A	T	H	R	B	I	U	T	H	L	A	I
Ö	T	N	G	L	N	U	W	W	I	S	W	J	Q	L	S
T	S	S	Y	F	F	J	S	Z	K	S	Z	K	K	L	U
S	I	I	F	N	K	J	A	Z	K	A	B	M	I	I	Y
Y	E	R	E	G	R	O	B	T	A	H	F	E	E	S	T
T	T	V	I	T	K	I	L	F	N	O	K	T	L	U	S
E	H	P	H	Q	H	O	I	K	E	U	S	I	I	U	L
H	Y	S	L	B	C	Y	F	Z	T	P	G	I	S	S	T
Ä	O	L	D	O	P	U	L	E	T	S	U	K	S	E	K
L	I	I	T	T	O	L	A	I	N	E	N	K	U	U	U
U	L	K	O	M	A	I	N	E	N	F	Y	A	Q	S	R

LIITTOLAINEN
KAMPANJAT
BORGERE
YHTEISÖ
KONFLIKTI
YHTEISTYÖ
KESKUSTELU
LÄHETYSTÖ
ETIIKKA
ULKOMAINEN
HALLITUS
EHEYS
OIKEUS
KIELI
POLITIIKKA
PÄÄTÖS
TURVALLISUUS
RATKAISU
SOPIMUS

81 - Countries #1

S	L	A	T	V	I	A	E	M	M	L	E	A	R	S	I
L	U	W	L	Z	N	I	K	G	W	A	Y	B	I	L	A
G	T	O	E	N	A	L	O	U	P	G	R	N	N	F	H
W	N	N	M	G	I	T	P	Y	G	E	I	O	W	P	A
M	I	F	G	I	L	I	S	M	M	N	R	O	K	Y	B
A	C	T	N	U	I	D	N	J	O	E	A	V	N	K	A
N	O	Q	C	Y	S	F	U	Q	H	S	K	C	I	Q	O
T	O	A	Q	C	A	Y	P	A	N	A	M	A	C	I	C
E	T	R	C	E	R	I	T	A	L	I	A	J	A	I	N
I	W	D	J	E	B	W	M	S	H	N	D	N	R	T	N
V	T	P	P	A	R	O	M	K	M	A	A	A	A	S	U
V	E	N	E	Z	U	E	L	A	C	M	N	P	G	W	M
V	F	D	S	C	D	R	V	S	R	O	A	S	U	M	U
U	E	T	I	C	J	B	H	W	Q	R	K	E	A	R	C
H	W	S	A	L	Q	D	K	Q	V	W	Y	M	Q	J	Y
E	N	V	D	J	Y	H	T	T	O	J	Y	J	U	Q	N

BRASILIA
KANADA
EGYPTI
SUOMI
SAKSA
IRAK
ISRAEL
ITALIA
LATVIA
LIBYA
MAROKKO
NICARAGUA
NORJA
PANAMA
PUOLA
ROMANIA
SENEGAL
ESPANJA
VENEZUELA
VIETNAM

82 - Immigration

S	U	M	R	E	P	A	A	S	I	A	K	I	R	J	A
R	C	L	A	L	G	I	L	E	I	K	W	M	Z	T	G
V	O	R	T	L	T	K	R	O	G	Y	V	N	S	F	J
T	S	Z	K	R	I	U	L	E	T	T	O	V	U	E	N
U	I	A	A	T	L	I	S	S	E	R	T	S	T	A	K
H	L	Q	I	H	A	S	Z	Q	E	S	H	S	I	S	I
U	B	O	S	P	N	E	M	L	F	T	P	P	O	U	V
F	M	Q	U	U	N	T	E	R	Y	H	M	U	H	M	P
D	F	Z	Z	H	E	L	A	P	S	E	T	H	A	I	R
V	I	E	S	T	I	N	T	Ä	Z	I	F	Y	R	N	O
I	W	T	A	K	A	R	A	J	A	O	W	O	N	E	S
L	A	K	I	I	W	C	B	Z	F	R	O	W	S	N	E
S	H	Y	V	Ä	K	S	Y	N	T	Ä	A	S	U	G	S
A	E	C	D	S	F	P	Y	J	U	L	E	J	O	U	S
E	H	A	R	Q	G	A	O	T	N	I	L	L	A	H	I
L	B	N	Z	E	G	S	R	Z	C	Z	B	Q	G	M	I

HALLINTO
AIKUISET
HYVÄKSYNTÄ
RAJA
LAPSET
VIESTINTÄ
TAKARAJA
ASIAKIRJA
RAHOITUS
ASUMINEN
KIELI
LAKI
NEUVOTTELU
UPSEERI
PROSESSI
SUOJELU
TILANNE
RATKAISU
STRESSI

83 - Adjectives #1

O	V	Q	R	U	E	A	M	M	U	T	O	I	H	T	R
S	A	B	L	B	J	R	L	S	A	N	T	D	I	Ä	E
A	L	K	Z	P	N	O	T	O	D	H	E	E	D	R	H
K	T	K	Q	C	V	M	C	G	I	V	F	N	A	K	E
O	A	S	S	R	A	A	W	E	K	P	Q	T	S	E	L
V	V	I	Q	H	K	A	J	I	I	L	D	T	E	Ä	L
R	A	T	Z	G	A	T	U	C	V	R	I	I	B	J	I
A	A	O	C	G	V	T	Y	U	W	Z	Y	N	J	W	N
F	J	S	L	J	A	I	N	E	L	U	S	E	L	P	E
A	W	K	K	N	E	N	I	L	L	E	N	N	O	C	N
G	P	E	L	A	S	E	A	N	T	E	L	I	A	S	G
W	D	U	J	Q	S	N	G	R	R	K	A	U	N	I	S
Y	I	M	A	N	E	N	I	L	L	E	E	T	I	A	T
O	H	U	T	T	U	G	O	D	M	A	D	N	D	J	F
V	I	E	H	Ä	T	T	Ä	V	Ä	O	M	O	N	H	Z
Z	S	V	Z	Q	T	M	O	U	Q	Q	Q	Q	M	R	E

EHDOTON
AROMAATTINEN
TAITEELLINEN
VIEHÄTTÄVÄ
KAUNIS
TUMMA
EKSOTISK
ANTELIAS
ONNELLINEN
RASKAS
APUA
REHELLINEN
VALTAVA
IDENTTINEN
TÄRKEÄ
MODERNI
VAKAVA
HIDAS
OHUT
ARVOKAS

84 - Technology

C	N	F	S	U	U	S	I	L	L	A	V	R	U	T	E
N	Ä	Y	T	T	Ö	E	N	H	L	B	R	T	T	B	S
N	K	D	C	A	C	O	T	S	I	M	L	E	J	H	O
E	S	U	R	I	V	J	E	B	L	O	G	I	M	W	J
N	E	W	R	L	G	R	R	S	E	L	A	I	N	A	U
I	Q	A	F	S	M	I	N	L	Y	N	R	Y	B	S	K
L	K	Y	Z	T	O	D	E	I	T	W	U	P	T	M	P
A	Q	W	V	R	S	R	T	F	U	T	W	H	F	K	F
A	E	E	D	H	W	E	I	O	T	S	O	D	E	I	T
T	I	E	T	O	K	O	N	E	A	V	O	G	C	S	O
I	F	O	N	T	T	I	R	Y	V	R	I	A	W	V	T
G	T	U	T	K	I	M	U	S	U	G	C	E	G	P	S
I	G	Q	C	G	Y	S	D	O	A	M	S	T	S	W	A
D	V	I	R	T	U	A	A	L	I	N	E	N	N	T	L
L	P	V	N	W	K	L	O	W	D	E	T	D	O	L	I
H	S	L	E	V	O	V	R	M	E	W	K	Y	Q	A	T

BLOGI
SELAIN
TAVUA
KAMERA
TIETOKONE
KURSORI
TIEDOT
DIGITAALINEN
TIEDOSTO
FONTTI
INTERNET
VIESTI
TUTKIMUS
NÄYTTÖ
TURVALLISUUS
OHJELMISTO
TILASTOT
VIRTUAALINEN
VIRUS

85 - Global Warming

U	R	A	F	U	V	K	S	J	K	A	A	S	U	C	M
I	Q	H	G	O	N	E	N	I	T	K	R	A	N	Z	E
J	N	O	G	W	I	H	A	Z	F	J	Q	Y	V	G	R
B	I	D	N	M	C	I	V	L	O	P	U	K	U	S	K
J	F	U	U	P	Ö	T	S	E	Ä	V	Y	R	E	I	I
J	H	F	A	S	H	Y	Y	O	T	S	A	M	L	I	T
I	O	C	Y	B	T	S	P	N	I	S	I	I	R	K	T
Y	U	D	D	U	K	R	J	W	E	T	T	H	A	I	Ä
N	F	V	I	A	A	G	I	P	D	I	S	A	K	J	V
Y	M	P	Ä	R	I	S	T	Ö	O	E	H	L	V	T	Ä
K	A	T	U	G	U	G	E	O	T	D	U	L	I	P	J
R	U	M	O	Q	W	J	R	S	E	E	O	I	Z	B	R
Q	Y	L	Z	Y	Q	N	E	E	E	M	M	T	N	U	K
S	U	D	V	G	L	N	T	J	N	I	I	U	W	O	R
L	Ä	M	P	Ö	T	I	L	A	T	E	O	S	O	P	G
L	V	G	Ö	T	N	Ä	D	Ä	Ä	S	N	I	A	L	O

ARKTINEN
HUOMIO
ILMASTO
KRIISI
TIEDOT
KEHITYS
ENERGIA
YMPÄRISTÖ
KAASU
SUKUPOLVI
HALLITUS
INDUSTRI
LAINSÄÄDÄNTÖ
NYT
VÄESTÖ
TIEDEMIES
MERKITTÄVÄ
LÄMPÖTILAT

86 - Landscapes

V	Q	O	Q	C	Q	Z	T	H	O	Z	I	H	E	I	J
J	L	I	Ö	S	R	Q	M	L	I	S	J	P	S	R	O
H	R	B	K	F	U	M	E	I	U	U	K	E	S	W	K
D	O	L	K	A	M	O	R	R	W	O	V	Y	F	H	I
V	K	E	I	D	A	S	I	O	H	T	L	Z	I	M	R
F	K	T	T	R	K	K	D	U	K	U	E	A	M	D	O
E	I	F	Ä	P	A	A	E	V	A	P	F	E	D	Y	U
A	V	Z	Ä	N	T	A	M	Ä	K	I	M	T	Z	K	V
S	A	V	J	K	N	L	S	Ä	T	S	H	T	B	D	K
U	A	O	U	S	A	T	U	J	B	E	H	O	I	F	T
M	E	N	F	V	R	J	C	J	E	V	W	F	R	T	W
T	F	A	I	Q	N	J	Ä	T	I	I	E	T	L	O	L
F	B	C	Q	O	M	B	G	R	I	S	Y	E	G	M	Z
V	A	L	T	A	M	E	R	I	V	T	U	N	D	R	A
V	S	O	O	C	V	U	A	A	M	I	M	E	I	N	Y
A	G	V	D	E	U	N	S	B	R	A	I	D	Z	D	K

RANTA
LUOLA
AAVIKKO
GEYSIR
JÄÄTIKKÖ
MÄKI
JÄÄVUORI
SAARI
JÄRVI
VUORI
KEIDAS
VALTAMERI
NIEMIMAA
JOKI
MERI
SUO
TUNDRA
LAAKSO
VOLCANO
VESIPUTOUS

87 - Visual Arts

T	C	E	N	I	L	E	T	S	U	A	L	A	A	M	M
L	A	V	U	K	O	L	A	V	L	R	M	M	T	F	E
O	V	I	S	U	A	V	V	U	U	K	A	L	Q	V	S
Q	U	E	T	T	K	Y	M	Ä	O	K	A	U	M	B	T
S	K	I	I	E	K	A	R	N	V	I	L	K	M	P	A
B	O	D	U	T	I	I	L	Y	U	T	A	Ö	U	J	R
O	L	S	A	V	I	L	O	K	U	E	U	K	O	W	I
S	E	U	T	I	M	W	I	Y	S	H	S	Ä	T	N	T
S	B	M	N	N	A	M	S	J	B	T	K	N	O	D	E
C	U	U	B	I	R	P	Y	I	A	U	E	D	K	H	O
S	O	T	S	I	E	V	O	Y	W	U	F	H	U	N	S
G	S	S	V	F	K	P	K	L	B	R	B	E	V	R	H
E	V	O	L	A	K	K	A	Y	O	I	A	R	A	W	Q
T	A	O	B	R	D	G	W	J	N	S	V	O	E	G	E
Z	L	K	A	A	C	T	A	C	Y	Ä	J	B	Q	W	P
U	N	C	A	P	V	W	F	Y	O	D	T	W	F	K	Y

ARKKITEHTUURI
TAITEILIJA
KERAMIIKKA
LIITU
SAVI
KOOSTUMUS
LUOVUUS
MAALAUSTELINE
ELOKUVA
MESTARITEOS
MAALAUS
KYNÄ
LYIJYKYNÄ
NÄKÖKULMA
VALOKUVA
MUOTOKUVA
VEISTOS
LAKKA
PARAFIINI

88 - Plants

P	U	B	S	K	V	L	M	C	O	V	I	V	B	Q	R
I	U	O	P	A	U	P	A	P	G	A	S	D	T	B	S
Q	L	U	L	J	I	K	P	U	H	R	A	J	Y	D	L
U	E	M	T	R	K	M	K	U	G	S	W	U	Y	N	A
P	H	E	K	A	U	B	M	A	B	I	R	U	U	J	N
U	T	T	A	M	R	O	T	S	I	V	S	A	K	R	N
S	I	S	S	F	K	H	H	E	D	S	H	W	O	T	O
K	E	Ä	V	A	L	F	A	O	T	O	W	L	I	B	I
A	N	Q	I	K	P	R	O	A	E	E	B	N	U	P	T
B	I	H	L	H	G	P	A	K	R	M	C	T	R	K	E
K	L	A	L	U	I	Z	L	E	Ä	S	C	M	H	G	Z
A	Q	D	I	M	T	Q	K	O	L	A	M	M	A	S	U
K	P	Z	S	S	W	V	D	D	E	A	Q	S	W	W	Z
T	Z	J	U	U	P	J	L	N	H	D	S	Q	T	P	R
U	G	R	U	A	E	D	E	I	T	I	V	S	A	K	I
S	P	U	S	K	B	P	P	I	I	T	T	A	R	U	M

BAMBU
PAPU
MARJA
KASVITIEDE
PUSKA
KAKTUS
LANNOITE
KASVISTO
KUKKA
LEHTIEN
METSÄ
PUUTARHA
RUOHO
MURATTI
SAMMAL
TERÄLEHTI
JUURI
VARSI
PUU
KASVILLISUUS

89 - Countries #2

Y	P	M	W	H	L	L	I	B	E	R	I	A	J	H	J
Q	U	K	V	C	V	T	E	B	A	J	G	E	A	D	A
H	H	V	R	U	A	M	B	V	U	K	E	Ä	P	Z	L
J	I	M	D	E	H	Y	I	E	Z	G	J	J	A	Y	B
N	A	D	U	S	I	T	I	A	H	P	A	Ä	N	R	A
H	I	M	H	J	H	K	Z	T	N	A	I	N	I	Q	N
B	R	C	A	T	O	Z	K	O	E	K	R	E	D	H	I
U	Y	G	E	I	R	J	S	A	P	I	E	V	L	A	A
K	Y	U	N	U	K	M	O	K	A	S	G	G	I	P	B
I	S	O	A	L	I	A	M	S	L	T	I	E	B	E	L
E	T	I	O	P	I	A	A	N	T	A	N	N	A	Q	F
M	E	K	S	I	K	O	L	A	B	N	L	C	N	B	S
U	K	R	A	I	N	A	I	T	L	N	Z	O	O	C	Y
T	O	B	Q	R	Q	G	A	F	V	O	Y	P	N	L	C
J	Y	F	L	R	J	J	H	F	S	J	A	I	F	O	Q
D	I	I	U	B	T	P	E	Q	L	Y	G	R	B	O	C

ALBANIA
TANSKA
ETIOPIA
KREIKKA
HAITI
JAMAIKA
JAPANI
LAOS
LIBANON
LIBERIA
MEKSIKO
NEPAL
NIGERIA
PAKISTAN
VENÄJÄ
SOMALIA
SUDAN
SYYRIA
UGANDA
UKRAINA

90 - Adjectives #2

L	S	A	I	L	E	N	U	L	K	U	I	V	A	Y	Q
U	U	E	S	T	S	S	S	Q	A	Q	R	O	V	L	V
O	O	C	U	Q	K	J	J	T	C	H	Y	K	H	P	I
N	L	T	U	K	Q	Y	I	Y	Q	E	J	P	A	E	L
N	A	S	I	U	L	U	U	K	V	A	W	A	V	Ä	L
O	I	K	I	A	K	U	V	A	U	S	R	I	K	B	I
L	N	E	N	I	L	L	U	U	T	S	A	V	I	A	G
L	E	T	Y	Y	L	I	K	Ä	S	K	W	V	K	V	S
I	N	E	N	I	T	T	A	A	M	A	R	D	O	Z	O
N	E	N	I	Ä	K	L	Ä	N	O	T	V	N	E	U	H
E	P	C	H	Z	U	Y	P	P	G	G	S	I	A	R	L
N	D	V	H	N	U	V	P	I	B	H	Z	B	T	Z	O
T	E	R	V	E	M	U	T	H	V	C	Z	J	W	Y	D
N	B	B	V	D	A	T	F	J	M	T	N	L	E	J	Q
Z	G	J	U	G	J	Z	F	C	H	P	Y	O	F	P	U
B	B	W	Q	D	V	T	U	O	T	T	A	V	A	U	T

AITO
LUOVA
KUVAUS
DRAMAATTINEN
KUIVA
TYYLIKÄS
KUULUISA
LAHJAKAS
TERVE
KUUMA
NÄLKÄINEN
LUONNOLLINEN
UUSI
TUOTTAVA
YLPEÄ
VASTUULLINEN
SUOLAINEN
UNELIAS
VAHVA
VILLI

91 - Math

S	I	E	A	J	Y	R	P	A	C	Y	I	L	D	R	H
U	G	K	N	B	G	S	A	Y	T	J	O	H	T	Y	I
U	D	S	E	E	I	P	N	L	I	P	Y	M	G	Y	U
N	E	P	N	D	N	O	I	M	L	U	K	I	N	O	M
N	S	O	I	Ä	R	I	G	A	C	Z	R	S	N	M	L
I	I	N	T	S	K	M	A	E	Y	H	T	Ä	L	Ö	Q
K	M	E	T	A	M	L	U	K	O	N	U	M	E	R	O
A	A	N	E	J	C	U	Z	E	K	M	J	F	F	T	I
S	A	T	E	I	V	K	G	H	R	A	E	Y	D	N	M
M	L	T	M	S	W	A	V	Ä	V	R	N	T	E	D	L
V	I	I	T	I	Q	R	O	Ö	I	L	E	N	R	D	O
O	Q	E	I	A	M	O	K	S	R	J	M	Y	I	I	K
I	O	P	R	K	D	U	P	V	H	H	T	C	Z	R	A
Y	O	M	A	L	W	S	S	Y	M	M	E	T	R	I	A
W	T	D	Y	A	T	T	I	M	S	Y	R	Ä	P	M	Y
F	Z	Q	A	H	T	I	L	A	V	U	U	S	N	B	F

KULMAT
ARITMEETTINEN
YMPÄRYSMITTA
DESIMAALI
HALKAISIJA
YHTÄLÖ
EKSPONENTTI
JAE
GEOMETRIA
NUMERO
RINNAKKAINEN
SUUNNIKAS
KEHÄ
MONIKULMIO
SÄDE
SUORAKULMIO
NELIÖ
SYMMETRIA
KOLMIO
TILAVUUS

92 - Water

K	Z	O	K	E	I	A	U	F	J	B	B	F	L	P	D
A	V	A	N	A	K	W	O	Z	Ä	Y	R	L	U	A	O
S	U	E	T	S	O	K	T	M	R	Z	R	R	L	K	P
T	O	D	M	L	J	Y	L	R	V	N	C	P	B	K	K
E	Y	A	T	U	L	V	A	G	I	W	N	J	F	A	W
L	F	S	V	A	L	T	A	M	E	R	I	Y	O	N	S
U	H	U	R	R	I	K	A	A	N	I	I	T	V	E	C
D	U	F	Q	V	L	C	R	U	B	M	N	S	V	N	A
I	G	H	G	E	U	M	V	T	M	U	E	M	Y	A	P
W	N	E	N	I	M	U	T	H	I	A	H	O	R	E	U
B	S	U	K	H	I	U	S	D	O	H	G	N	Y	W	G
F	K	C	O	B	S	Z	I	S	F	T	G	S	Ö	L	F
V	O	D	S	M	Z	Q	C	J	Ä	Ä	N	U	H	L	T
K	B	N	T	P	J	F	C	E	M	J	J	U	M	V	P
O	H	L	E	L	Z	U	F	E	J	Y	M	N	I	Y	B
U	M	H	A	I	K	F	Q	V	L	C	O	I	C	C	K

KANAVA
KOSTEA
HAIHTUMINEN
TULVA
PAKKANEN
GEYSIR
HURRIKAANI
JÄÄN
KASTELU
JÄRVI
KOSTEUS
MONSUUNI
VALTAMERI
SADE
JOKI
SUIHKU
LUMI
HÖYRY
AALTO

93 - Activities

T	G	E	O	N	E	V	C	V	A	E	D	I	A	T	T
Y	E	T	U	F	B	L	A	L	A	F	N	L	A	A	A
V	B	T	C	R	J	B	M	K	U	E	G	O	P	I	I
R	A	L	R	S	R	T	P	A	L	K	L	Q	A	K	T
E	K	L	W	Y	P	E	I	L	N	A	E	L	V	A	O
N	K	H	O	O	A	E	N	A	F	N	C	G	U	C	I
T	I	B	V	K	T	N	G	S	I	C	J	S	T	S	A
O	I	C	E	T	U	E	J	T	L	H	W	W	J	D	Z
U	M	I	P	E	L	V	U	U	B	I	W	O	H	H	S
T	A	P	O	V	E	Y	A	S	T	T	R	R	I	I	E
U	R	H	I	Z	P	F	K	U	F	R	I	S	J	C	E
M	E	L	K	Q	M	V	I	E	S	U	A	L	A	A	M
I	K	G	M	Z	O	L	U	K	E	M	I	N	E	N	R
N	K	S	D	I	Q	K	Z	U	V	R	D	U	V	P	E
E	A	V	B	E	M	E	T	S	Ä	S	T	Y	S	P	R
N	S	B	E	M	Y	Y	T	O	I	M	I	N	T	A	V

TOIMINTA
TAIDE
CAMPING
KERAMIIKKA
VENEET
KALASTUS
PELIT
VAELLUS
METSÄSTYS
ETU
VAPAA
TAIKA
MAALAUS
VALOKUVAUS
ILO
LUKEMINEN
RENTOUTUMINEN
OMPELU
TAITO

94 - Business

O	T	S	I	M	I	O	T	V	A	L	U	U	T	T	A
R	P	E	Ä	L	Ä	M	Y	Y	M	L	E	E	N	A	R
H	M	C	H	Z	D	J	Ö	I	T	H	Y	S	F	L	U
R	A	H	A	D	S	U	N	N	A	T	S	U	K	E	N
Y	Y	E	V	L	A	D	A	D	B	I	U	O	T	N	F
M	T	S	G	G	F	S	N	F	P	K	T	L	Y	N	U
J	O	H	T	A	J	A	T	N	T	F	I	A	Ö	U	G
B	L	J	N	Y	D	F	A	C	R	E	O	T	N	S	F
L	U	C	U	U	V	B	J	Z	R	Y	H	N	T	U	B
M	T	P	K	U	V	U	A	G	F	E	A	O	E	T	R
R	Y	A	T	Y	E	D	J	O	T	D	R	Y	K	I	S
T	O	Y	P	L	R	S	H	U	A	D	D	O	I	O	A
A	B	V	N	N	O	J	V	F	V	O	O	K	J	J	C
J	Z	P	D	T	T	E	B	Q	A	A	F	Z	Ä	I	E
S	Z	F	G	E	I	T	U	Z	R	A	U	B	Z	S	L
B	A	J	Y	W	T	T	V	J	A	B	T	G	R	H	M

BUDSJETT
URA
YHTIÖ
KUSTANNUS
VALUUTTA
ALENNUS
TALOUS
TYÖNTEKIJÄ
TYÖNANTAJA
TEHDAS
RAHOITUS
TULO
SIJOITUS
JOHTAJA
TAVARA
RAHA
TOIMISTO
MYYNTI
MYYMÄLÄ
VEROT

95 - Literature

Z	Z	O	F	V	W	D	B	A	J	T	R	U	N	O	G
H	P	Z	W	O	M	A	J	C	D	L	L	A	T	Z	B
M	L	R	C	G	G	O	E	C	U	D	L	N	R	K	N
V	E	T	L	Y	I	G	S	T	N	E	T	E	A	Y	O
P	U	T	N	I	O	S	U	P	P	O	L	K	G	B	T
N	L	P	A	T	O	I	T	K	I	F	R	D	E	A	Z
R	I	Y	M	F	G	K	A	I	P	S	J	O	D	N	V
U	A	W	E	W	O	E	H	N	N	G	Y	O	I	A	P
N	T	Q	E	D	L	R	J	A	A	H	O	T	A	L	Ä
O	R	R	T	C	A	G	A	A	D	L	E	T	T	Y	Ä
L	E	Y	A	H	I	P	B	M	H	A	O	I	Ä	Y	T
L	V	R	T	E	D	I	R	O	R	I	Y	G	J	S	E
I	O	F	L	M	K	U	U	R	V	C	H	T	I	I	L
N	O	L	Z	K	I	K	E	R	T	O	J	A	K	A	M
E	M	F	A	A	T	R	E	K	Ä	M	Ä	L	E	S	Ä
N	Q	K	U	V	A	U	S	T	Y	Y	L	I	T	Q	C

ANALOGIA
ANALYYSI
ANEKDOOTTI
TEKIJÄ
ELÄMÄKERTA
VERTAILU
PÄÄTELMÄ
KUVAUS
DIALOG
FIKTIOTA
METAFORA
KERTOJA
ROMAANI
RUNO
RUNOLLINEN
LOPPUSOINTU
RYTMI
TYYLI
TEEMA
TRAGEDIA

96 - Geography

W	A	A	R	V	Z	V	K	Q	V	B	Z	C	E	B	D
R	I	R	E	M	S	A	A	R	I	V	M	J	T	R	T
H	N	D	S	U	V	T	K	K	W	N	S	S	K	C	Q
G	A	L	R	P	O	H	J	O	I	N	E	N	A	C	E
A	A	L	P	Ä	I	V	Ä	N	T	A	S	A	A	J	A
T	I	U	V	Z	F	A	C	I	A	F	E	U	M	M	V
L	D	J	Y	K	R	N	V	Z	J	E	V	T	A	A	A
A	I	L	L	S	U	E	K	R	O	K	U	G	A	A	L
S	R	Y	T	V	B	L	I	Z	H	U	B	O	N	S	T
K	E	U	L	A	J	D	E	I	E	A	C	Z	O	S	A
J	M	M	L	E	V	E	Y	S	A	S	T	E	S	A	M
E	O	S	S	S	Y	F	W	N	I	O	V	T	A	E	E
T	Y	K	O	D	A	F	O	Ä	R	P	R	V	R	C	R
E	L	R	I	D	V	Q	A	L	O	W	E	F	U	A	I
L	N	R	M	L	J	T	K	A	U	P	U	N	K	I	K
Ä	M	A	A	I	L	M	A	T	V	O	H	J	I	E	P

KORKEUS
ATLAS
KAUPUNKI
MAANOSA
MAASSA
PÄIVÄNTASAAJA
HALVKULE
SAARI
LEVEYSASTE
KARTTA
MERIDIAANI
VUORI
POHJOINEN
VALTAMERI
ALUE
JOKI
MERI
ETELÄ
LÄNSI
MAAILMA

97 - Jazz

T	I	K	I	S	O	U	S	H	U	J	Ä	L	C	R	T
E	M	T	O	L	A	U	L	U	E	B	J	A	C	Y	E
W	P	F	A	N	A	B	Z	C	A	Z	Ä	J	U	T	K
N	R	B	J	I	S	R	U	M	M	U	T	I	U	M	N
T	O	K	P	L	T	E	U	K	W	B	L	R	S	I	I
U	V	Y	R	Y	F	E	R	F	P	U	E	E	I	H	I
H	I	K	S	Y	D	O	I	T	Q	V	V	T	E	G	K
Q	S	Y	U	T	J	D	P	L	T	N	Ä	S	G	Z	K
V	A	K	M	U	R	I	J	B	I	I	S	E	Y	F	A
L	A	E	U	K	L	M	T	R	G	J	H	K	B	P	R
I	T	S	T	U	I	U	A	S	M	W	A	R	Y	K	V
T	I	V	S	S	P	B	I	A	L	Z	M	O	T	Q	T
L	O	B	O	I	C	L	G	S	V	A	N	H	A	O	V
S	U	T	O	N	I	A	P	N	A	D	S	Y	E	U	D
S	C	I	K	K	I	I	S	U	M	Y	Q	P	W	I	G
P	S	Z	F	Y	C	D	B	H	C	V	I	W	F	Q	Q

ALBUMI
TAITEILIJA
SÄVELTÄJÄ
KOOSTUMUS
KONSERTTI
RUMMUT
PAINOTUS
KUULUISA
SUOSIKIT
LAJI
IMPROVISAATIO
MUSIIKKI
UUSI
VANHA
ORKESTERI
RYTMI
LAULU
TYYLI
KYKY
TEKNIIKKA

98 - Nature

E	R	A	U	H	A	L	L	I	N	E	N	B	W	Q	T
A	L	D	Y	N	A	A	M	I	N	E	N	W	A	M	Ä
E	K	Ä	W	K	G	K	L	E	H	T	I	E	N	E	R
S	R	S	I	M	E	H	I	L	Ä	I	N	E	N	G	K
H	Z	T	L	M	F	E	D	O	M	Z	J	W	Y	T	E
G	V	E	L	V	E	V	E	I	S	F	Y	T	F	O	Ä
D	O	M	I	Z	W	T	U	S	U	E	N	U	A	K	V
Q	H	O	V	M	K	Ö	M	O	P	Y	H	Ä	K	K	Ö
K	D	I	N	D	N	K	U	O	R	N	P	P	K	I	A
O	F	O	K	Q	S	K	S	R	I	E	I	I	A	V	J
T	R	O	O	P	P	I	N	E	N	N	T	L	L	A	R
W	F	L	Y	S	U	T	U	U	T	I	J	V	L	A	Z
D	R	J	D	L	J	Ä	P	P	A	T	G	I	I	B	A
C	U	H	A	D	O	Ä	K	O	G	K	F	E	O	M	A
I	P	B	Y	N	K	J	R	L	M	R	N	E	G	P	G
A	U	E	A	F	I	J	S	H	D	A	L	W	O	G	Z

ELÄIMET
ARKTINEN
KAUNEUS
MEHILÄINEN
KALLIO
PILVI
AAVIKKO
DYNAAMINEN
EROOSIO
SUMU
LEHTIEN
METSÄ
JÄÄTIKKÖ
VUORET
RAUHALLINEN
JOKI
PYHÄKKÖ
TROOPPINEN
TÄRKEÄ
VILLI

99 - Vacation #2

H	M	A	A	P	A	V	T	E	R	O	U	V	Q	N	L
K	O	A	T	D	H	Z	E	D	H	O	K	O	N	O	N
U	Q	T	F	H	R	M	L	G	V	O	R	U	L	F	V
L	N	T	E	K	D	R	T	G	T	V	A	L	O	M	A
J	N	U	U	L	I	J	T	V	Z	S	N	C	L	W	H
E	Z	L	U	L	L	H	A	K	Z	R	T	N	A	A	T
T	K	U	H	S	K	I	R	A	A	S	A	D	K	V	F
U	O	O	J	P	F	O	F	K	J	L	P	K	U	E	U
S	Z	K	I	N	R	W	M	T	I	N	A	L	K	U	L
E	W	A	W	Y	N	V	C	A	Q	G	S	Q	E	Y	G
K	V	I	I	S	U	M	I	M	I	R	S	O	A	R	B
I	A	G	C	T	W	Q	K	Q	R	N	I	S	K	A	T
B	P	R	C	V	Q	G	B	I	E	I	E	U	K	I	U
G	G	K	T	C	R	R	K	J	M	T	J	N	Z	D	F
C	P	N	Z	T	C	Q	G	A	C	A	M	P	I	N	G
D	N	E	N	I	A	L	A	A	M	O	K	L	U	W	Y

LUFTHAVN
RANTA
CAMPING
KOHDE
ULKOMAINEN
ULKOMAALAINEN
LOMA
HOTELLI
SAARI
MATKA

VAPAA
KARTTA
VUORET
PASSI
MERI
TAKSI
TELTTA
KOULUTTAA
KULJETUS
VIISUMI

100 - Electricity

P	P	M	A	M	Ä	Ä	R	Ä	A	D	D	F	Q	S	F
P	I	P	J	M	I	S	J	V	L	Y	T	Z	M	P	P
U	T	S	A	G	E	N	E	R	A	A	T	T	O	R	I
H	K	V	T	V	E	R	K	K	O	Y	H	A	N	H	O
E	E	A	N	O	H	E	S	Ä	H	K	Ö	I	N	E	N
L	J	R	E	B	R	S	W	M	V	D	G	V	F	G	T
I	B	A	S	M	K	A	O	Q	B	B	R	V	A	P	W
N	O	S	A	G	A	L	S	M	S	P	K	G	T	R	S
K	V	T	Ö	L	N	G	O	I	S	I	V	E	L	E	T
A	Z	O	K	A	J	O	N	K	A	J	O	H	D	O	T
A	Q	I	H	U	K	B	S	E	Q	D	G	T	S	O	G
P	V	N	Ä	W	A	K	D	W	E	L	A	M	P	P	U
E	K	T	S	I	G	H	U	E	J	T	M	E	P	O	C
L	F	I	R	N	E	N	I	V	I	I	T	A	G	E	N
I	N	N	I	L	A	I	T	T	E	E	T	I	D	K	R
P	O	S	I	T	I	I	V	I	N	E	N	J	E	D	Q

AKKU
KAAPELI
SÄHKÖINEN
SÄHKÖASENTAJA
LAITTEET
GENERAATTORI
LAMPPU
LASER
MAGNEETTI
NEGATIIVINEN
VERKKO
OBJEKTI
POSITIIVINEN
MÄÄRÄ
PISTORASIA
VARASTOINTI
PUHELIN
TELEVISIO
JOHDOT

1 - Antiques

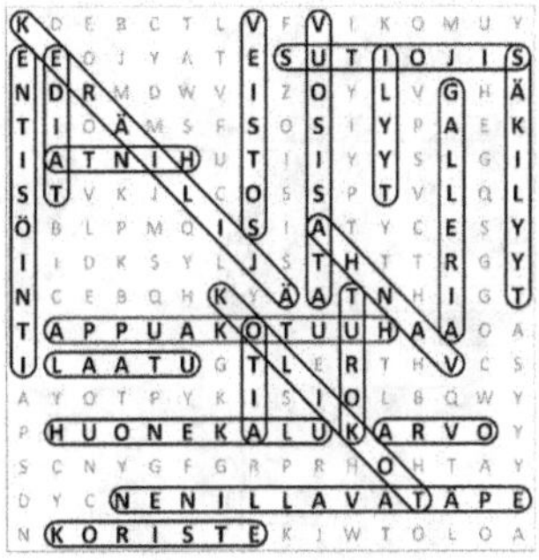

2 - Food #1

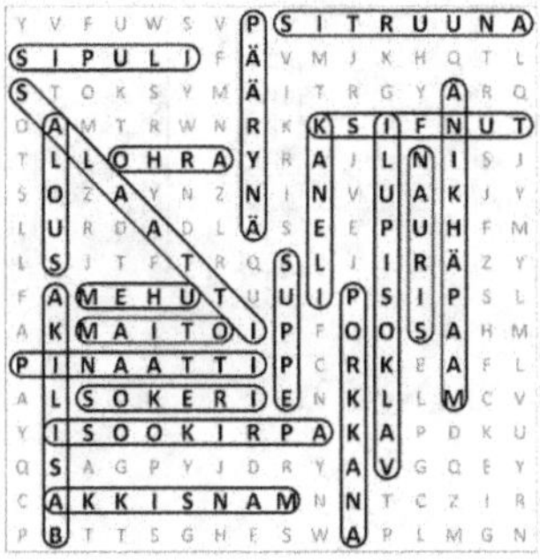

3 - Measurements

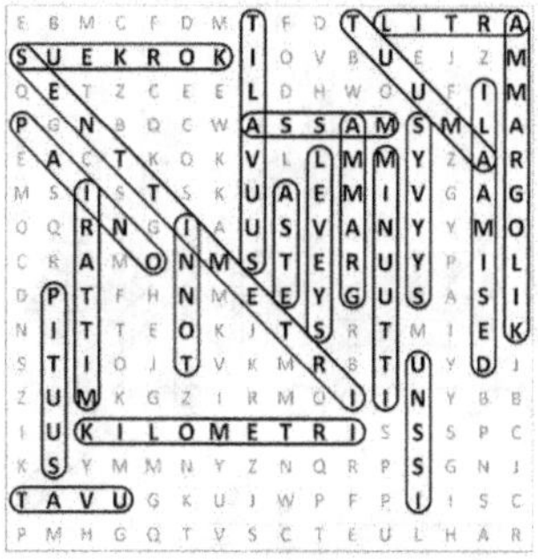

4 - Farm #2

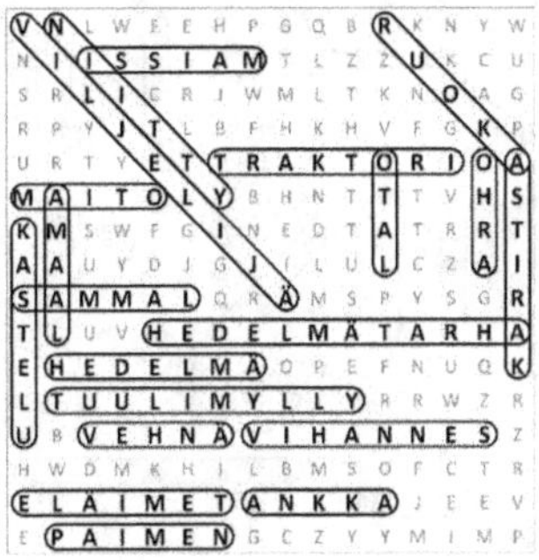

5 - Books

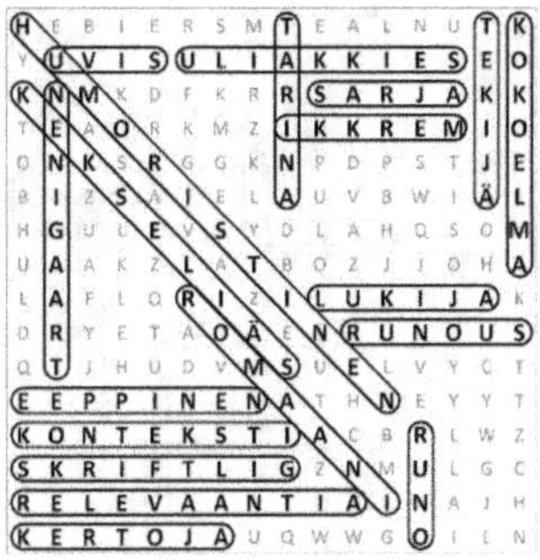

6 - Meditation

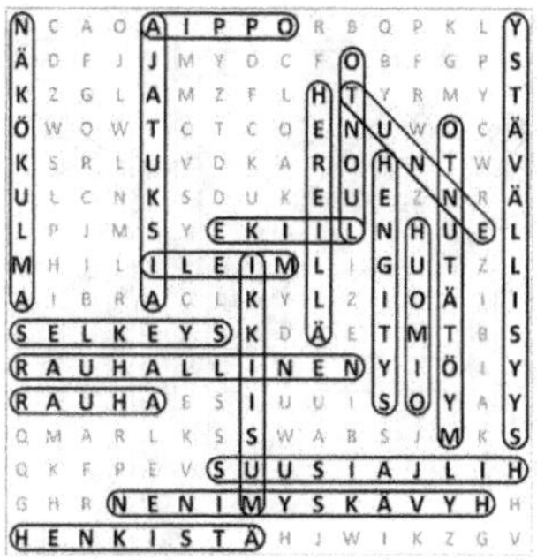

7 - Days and Months

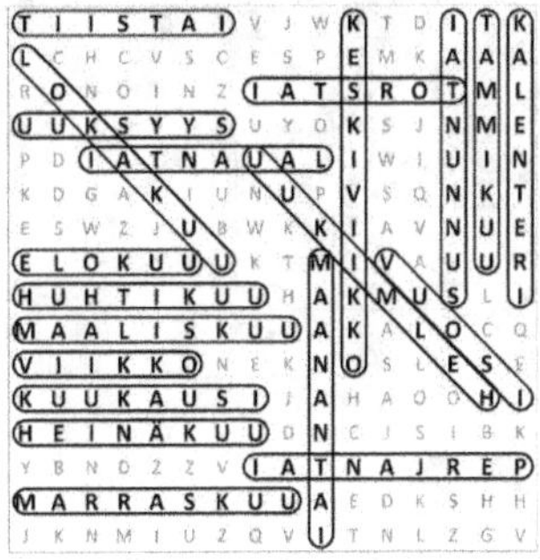

8 - Energy

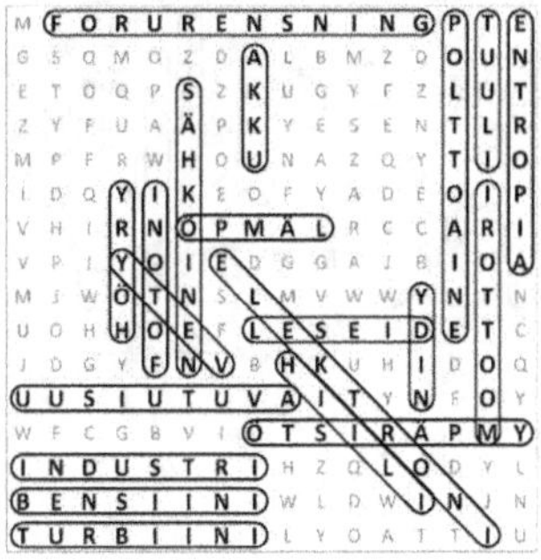

9 - Archeology

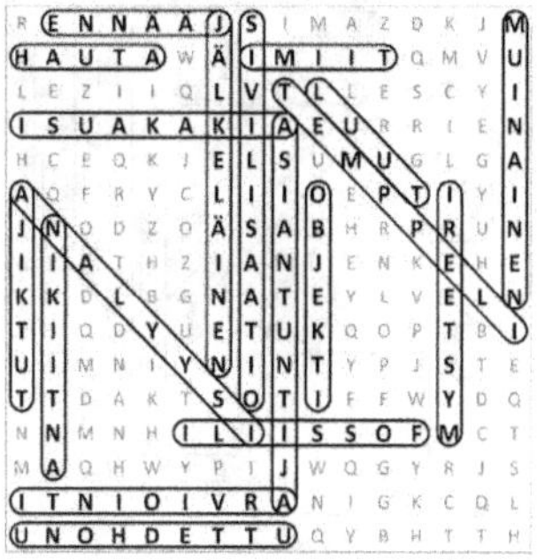

10 - Food #2

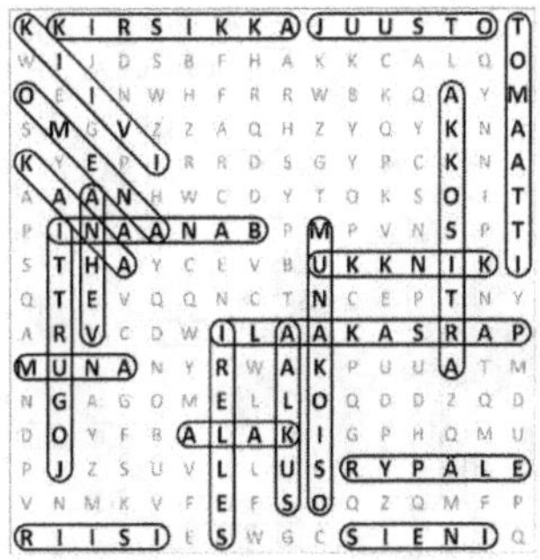

11 - Chemistry

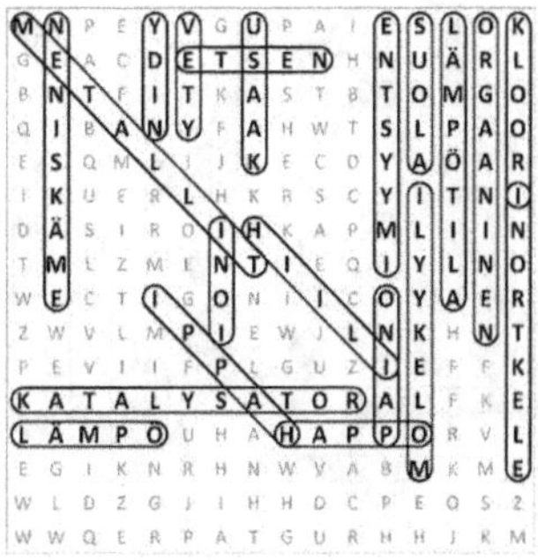

12 - Music

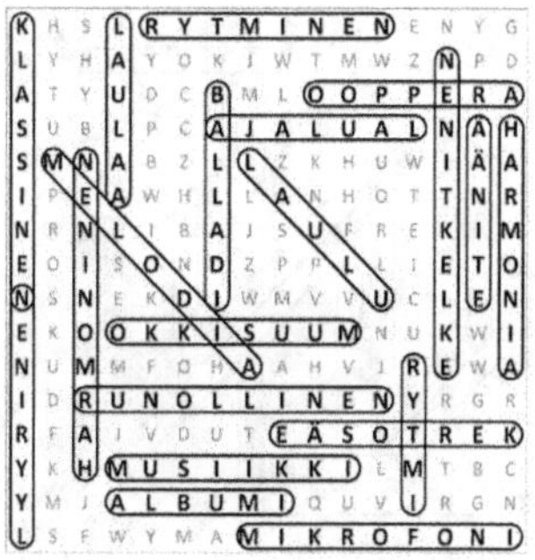

13 - Family

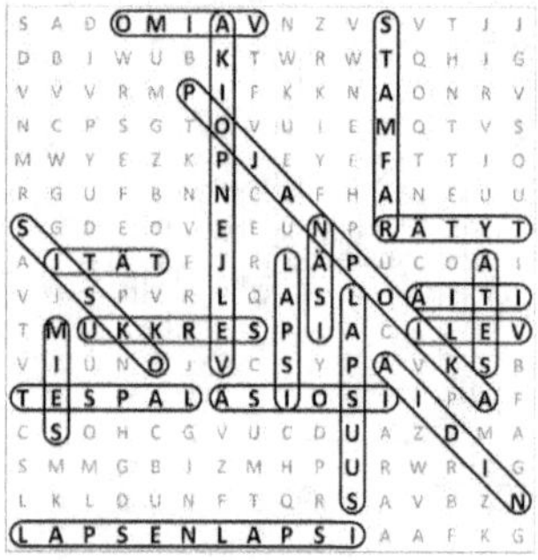

14 - Farm #1

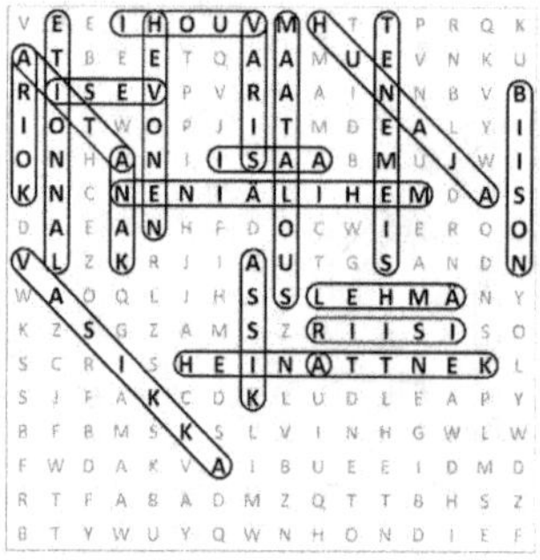

15 - Camping

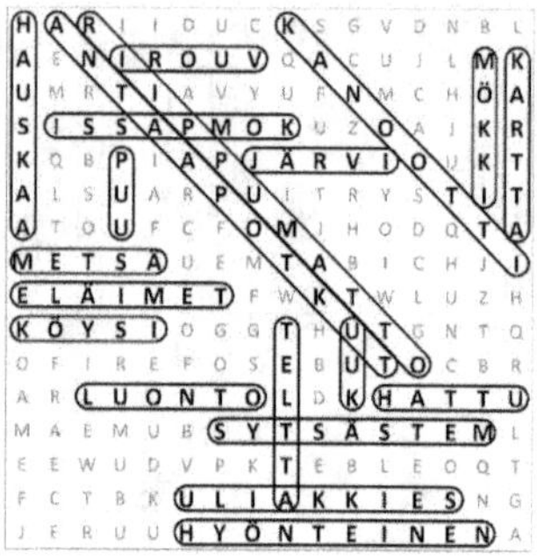

16 - Algebra

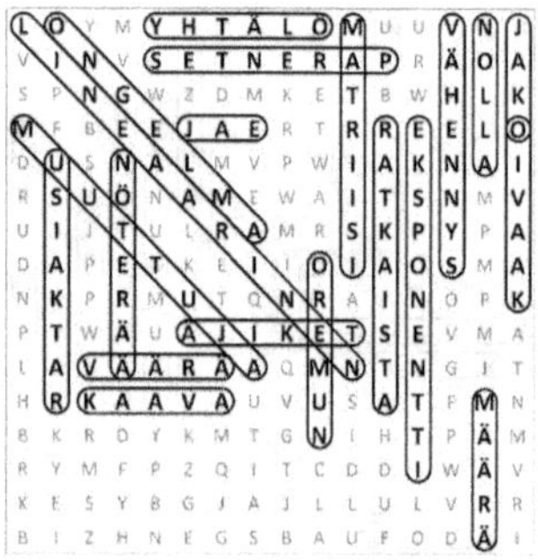

17 - Numbers

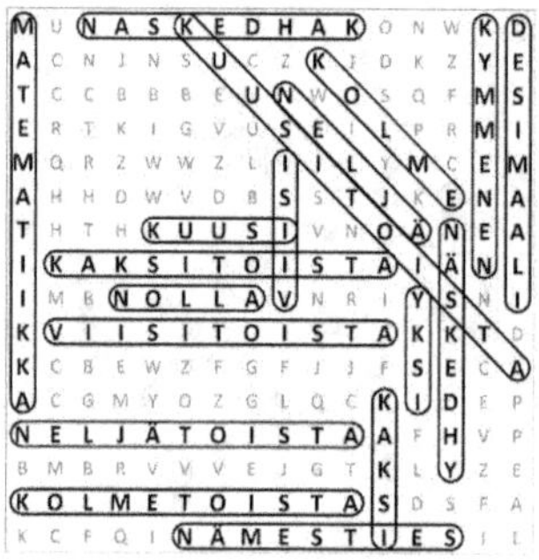

18 - Spices

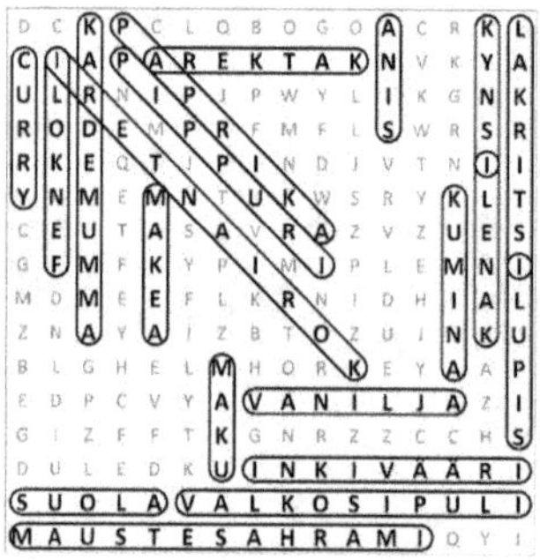

19 - Universe

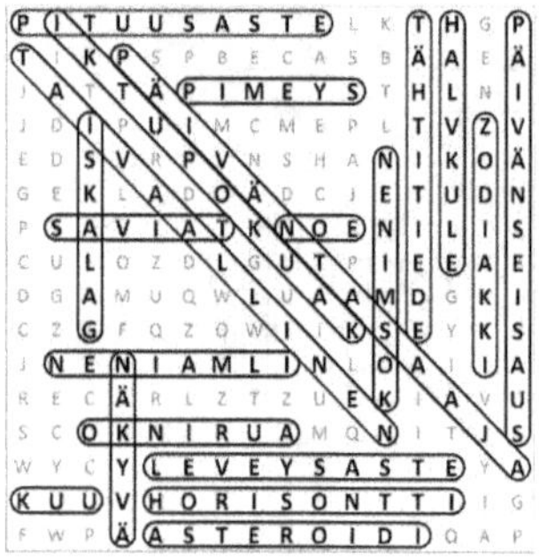

20 - Mammals

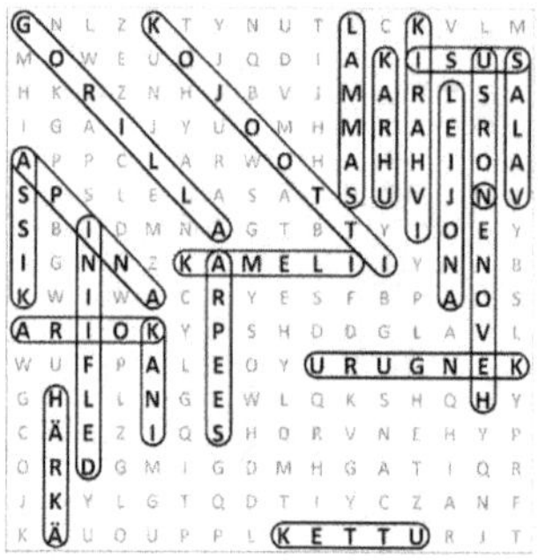

21 - Restaurant #1

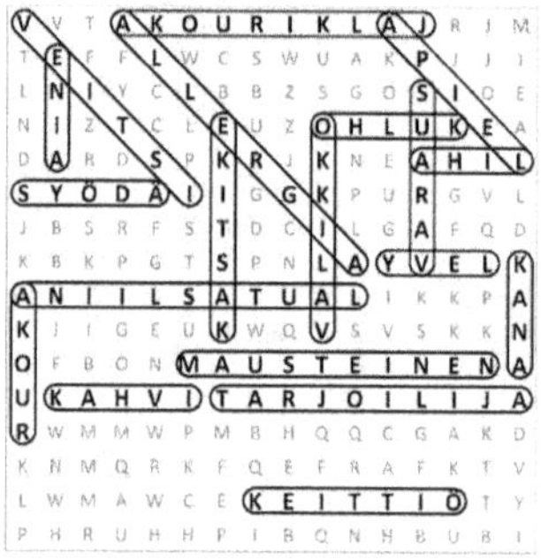

22 - Bees

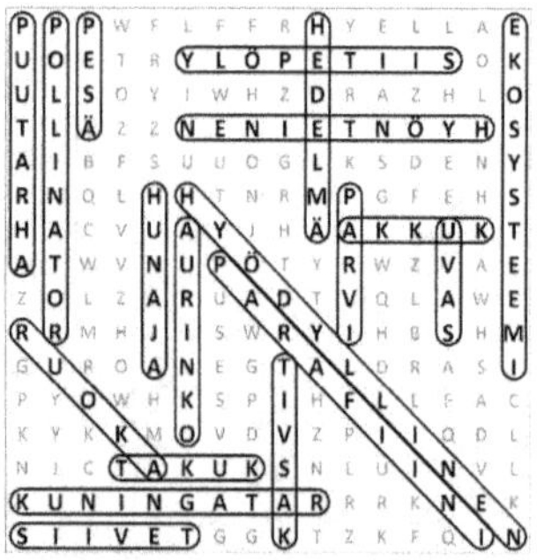

23 - Photography

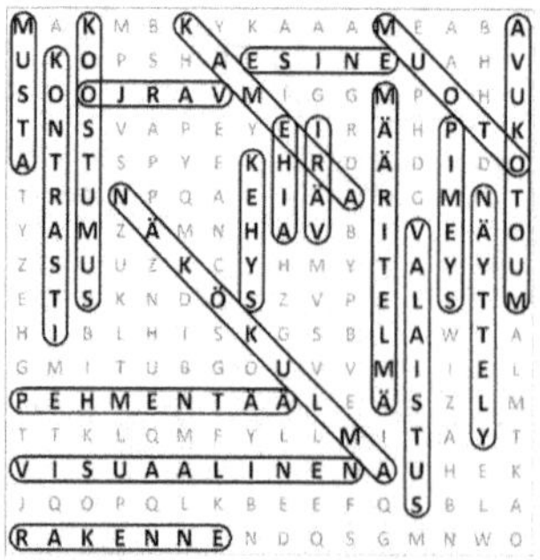

24 - Weather

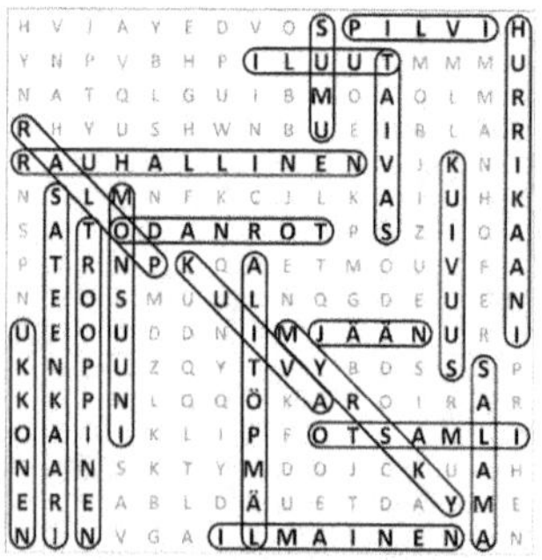

25 - Adventure

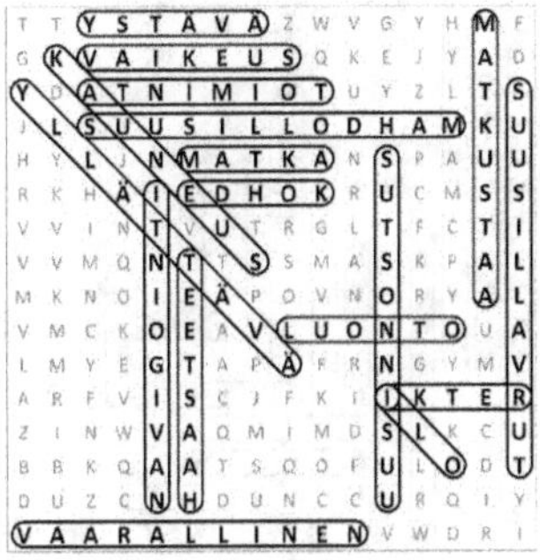

26 - Sport

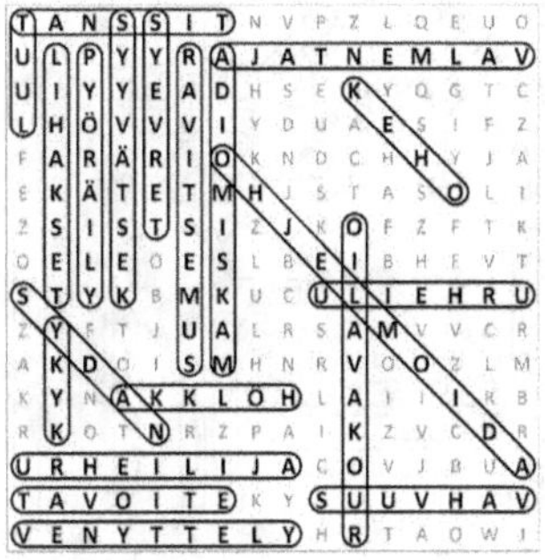

27 - Restaurant #2

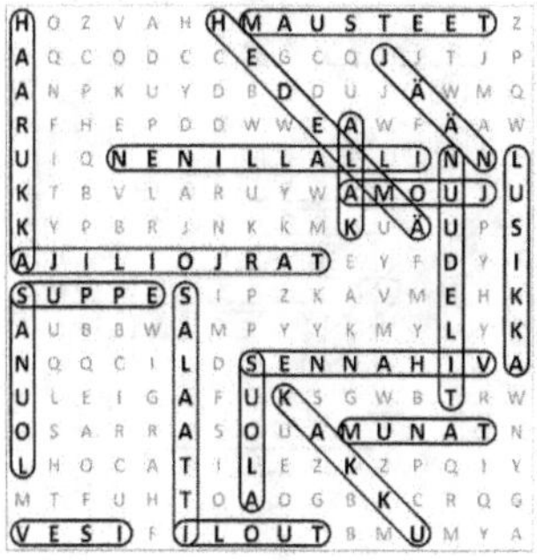

28 - Geology

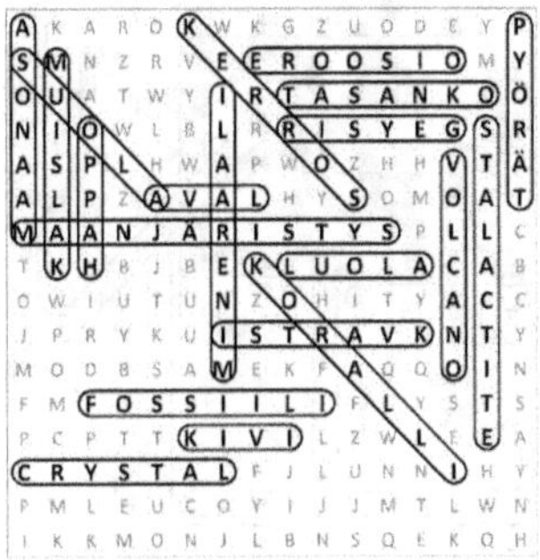

29 - House

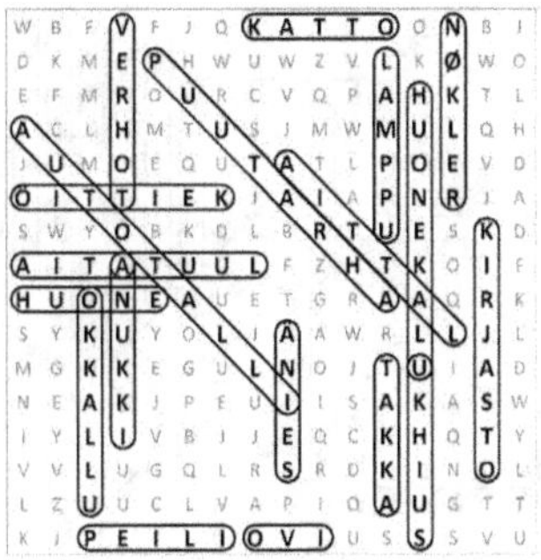

30 - Physics

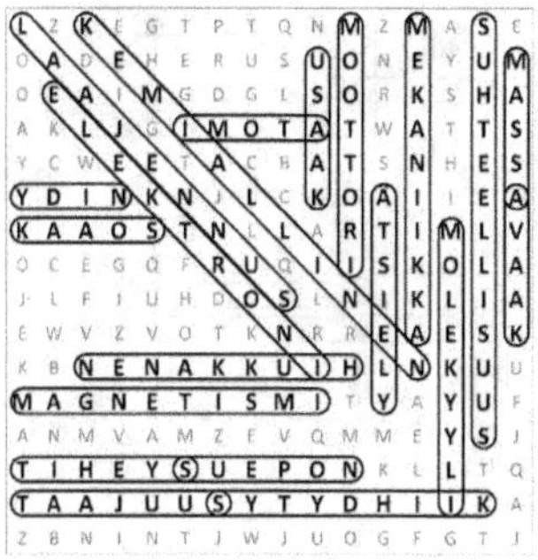

31 - Shapes

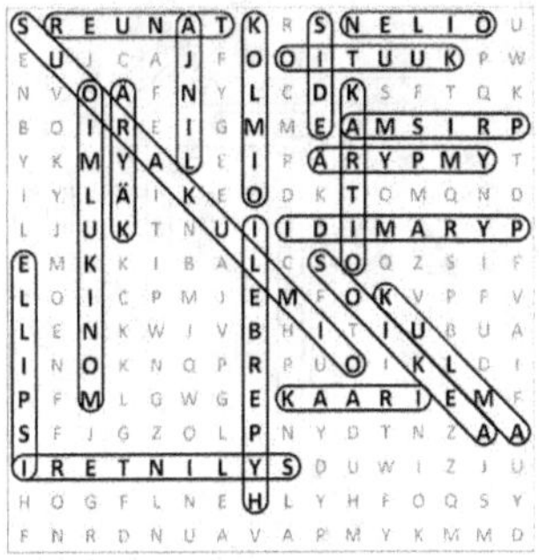

32 - Scientific Disciplines

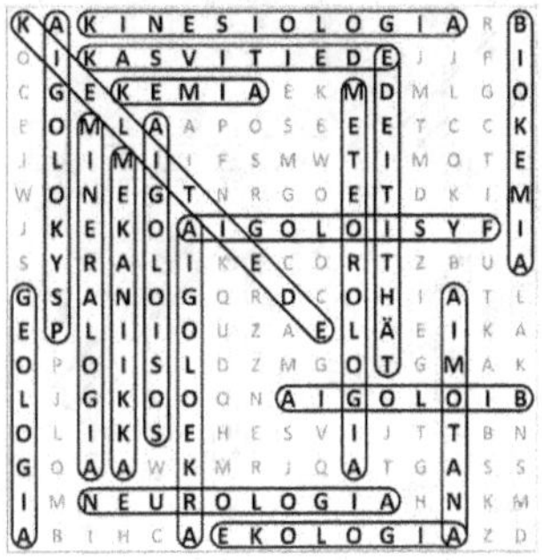

33 - Science

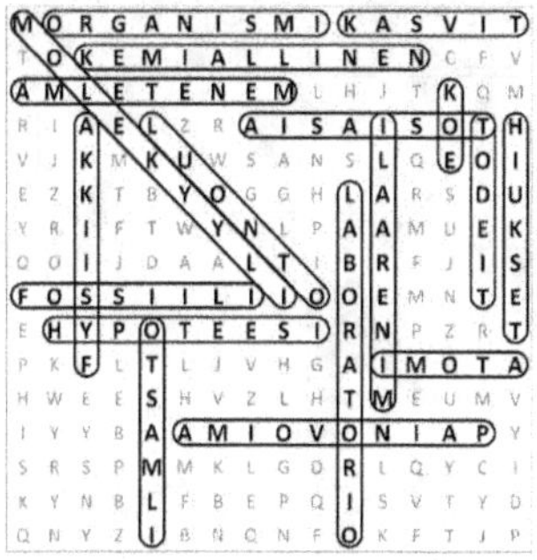

34 - Beauty

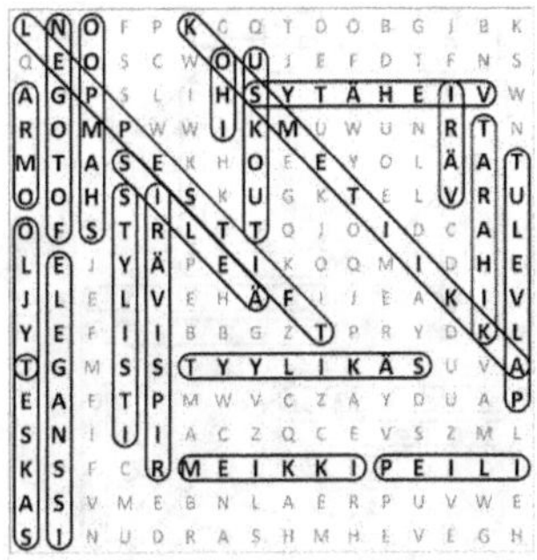

35 - Clothes

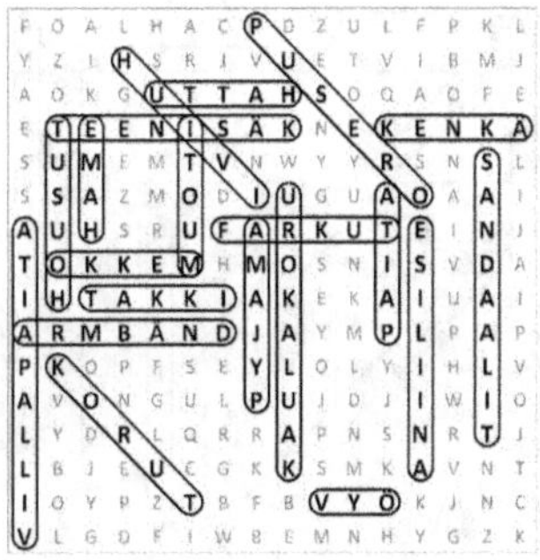

36 - Insects

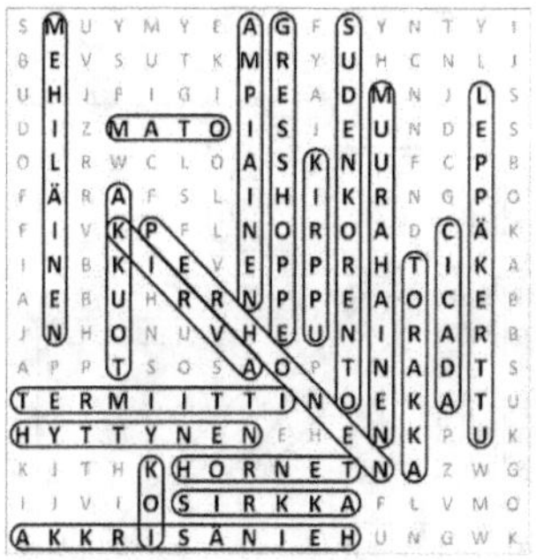

37 - Astronomy

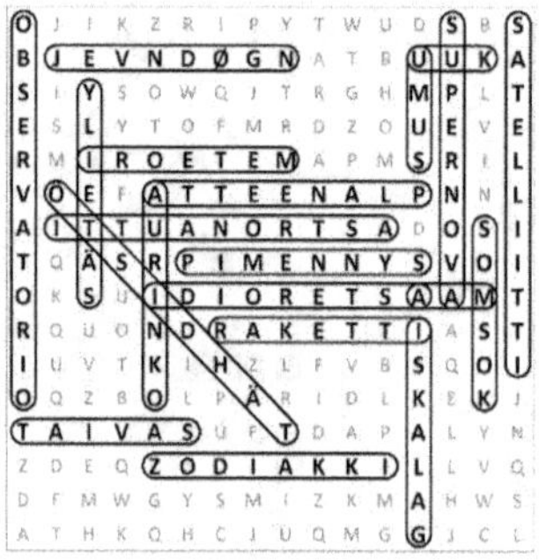

38 - Health and Wellness #2

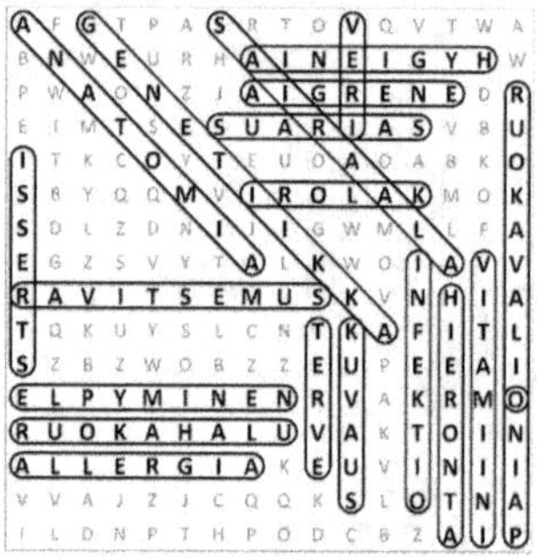

39 - Disease

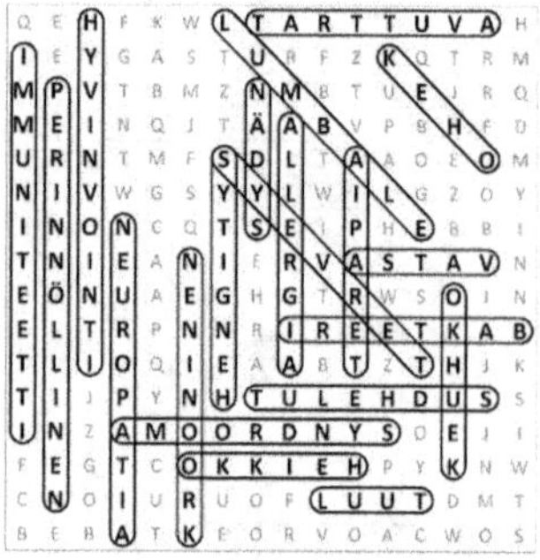

40 - Time

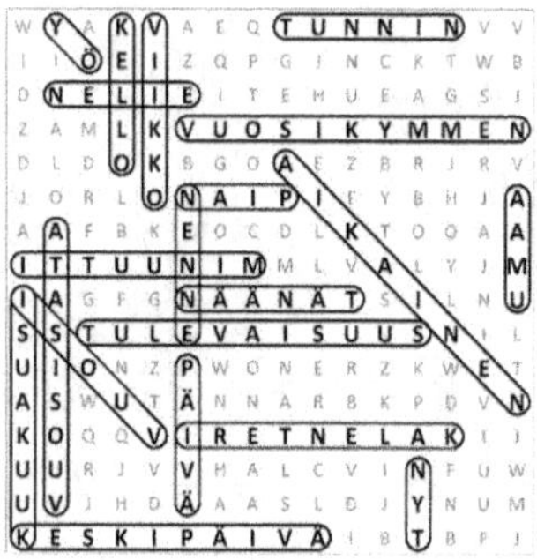

41 - Buildings

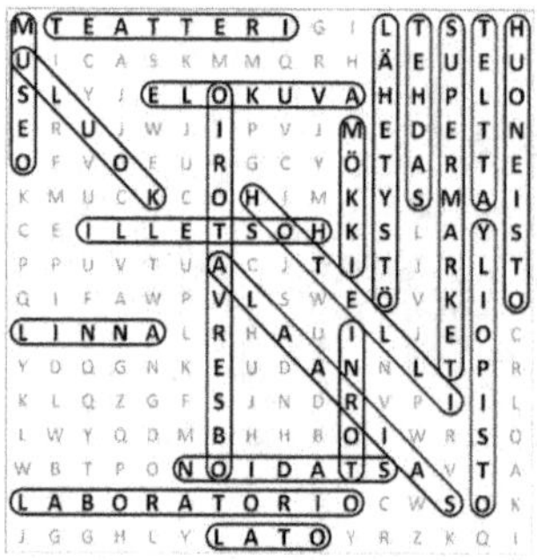

42 - Herbalism

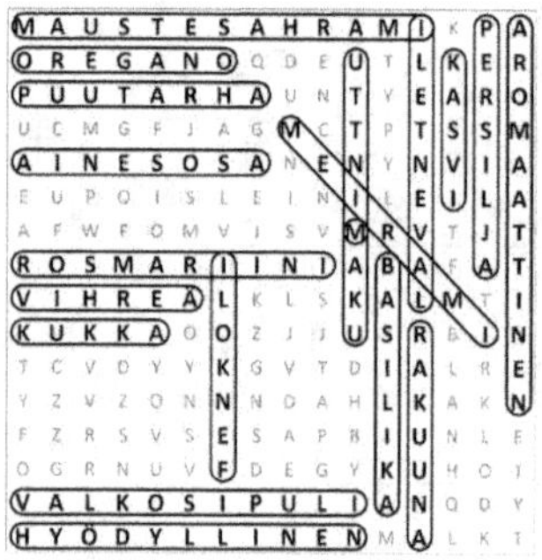

43 - Vehicles

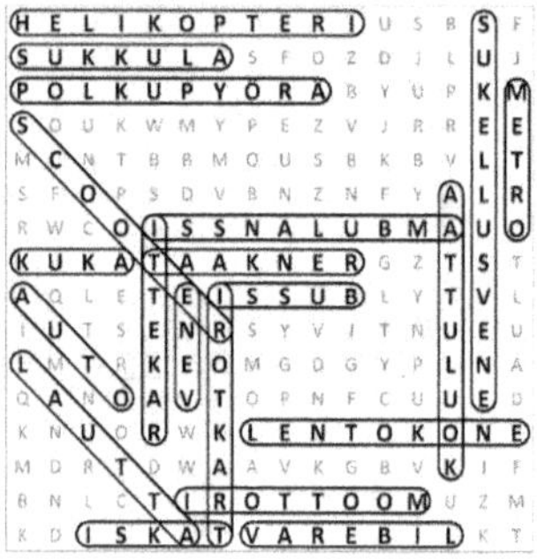

44 - Flowers

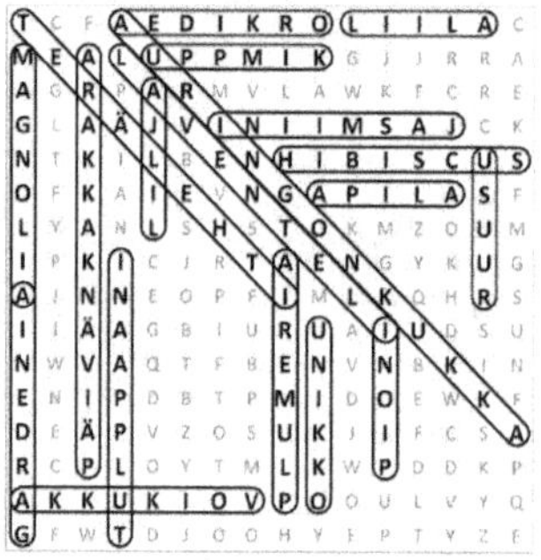

45 - Health and Wellness #1

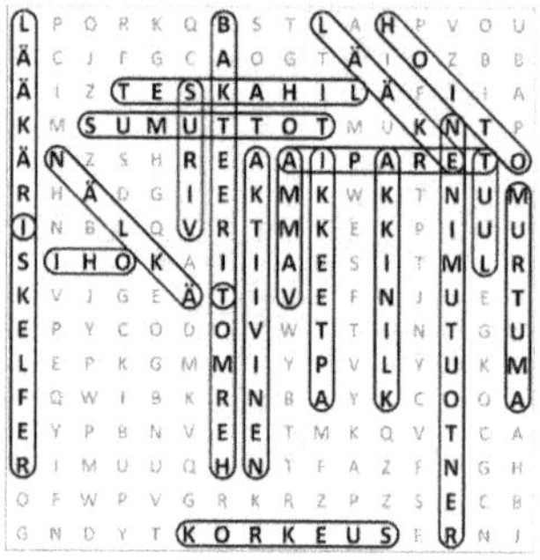

46 - Town

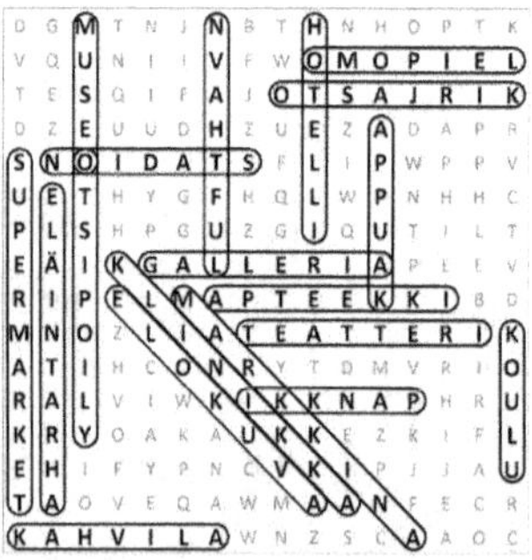

47 - Antarctica

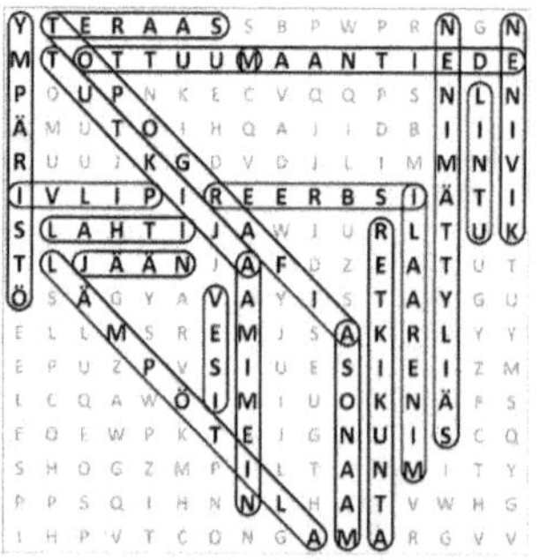

48 - Fashion

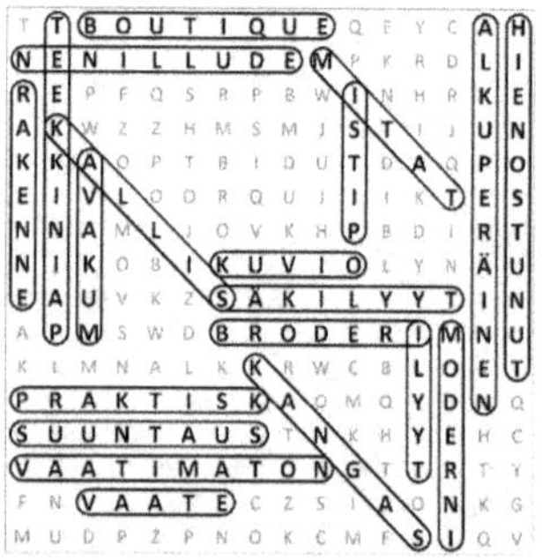

49 - Human Body

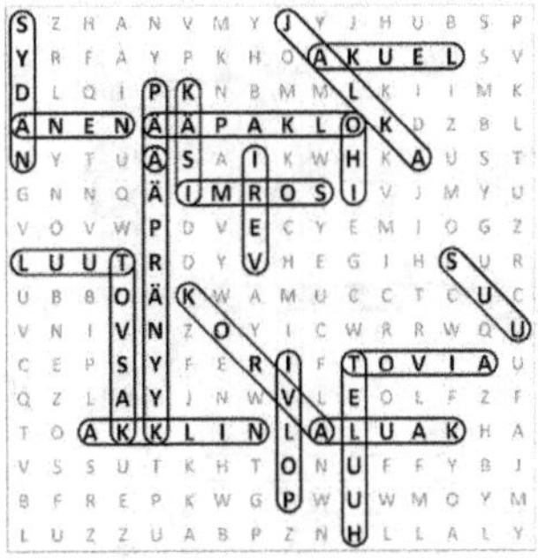

50 - Musical Instruments

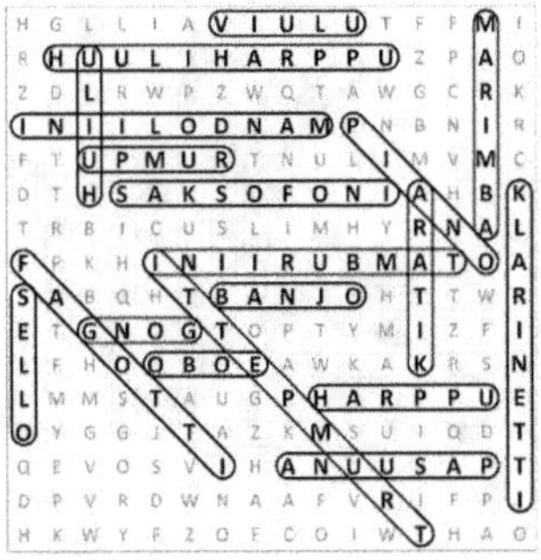

51 - Fruit

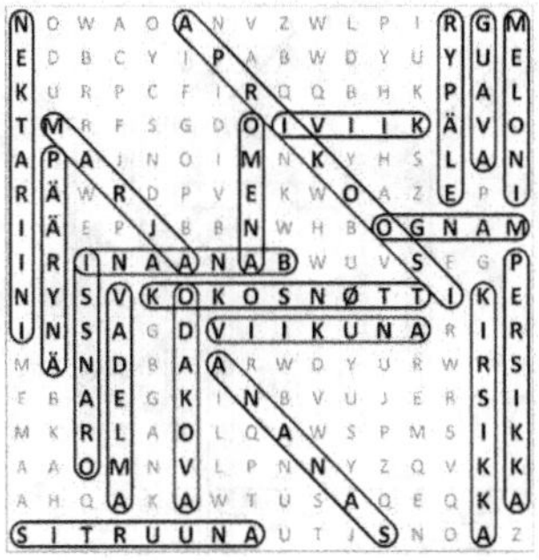

52 - Engineering

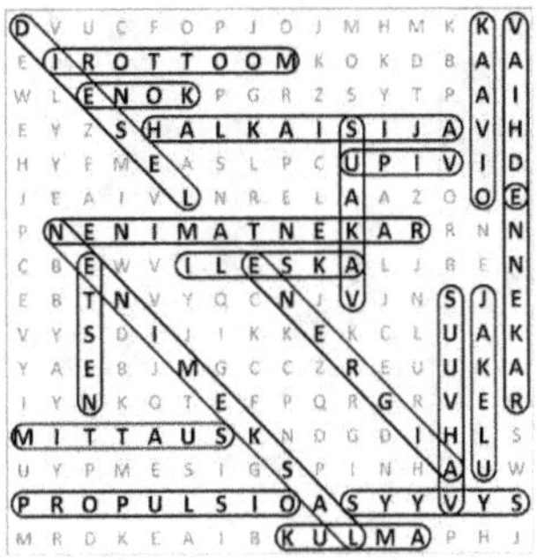

53 - Kitchen

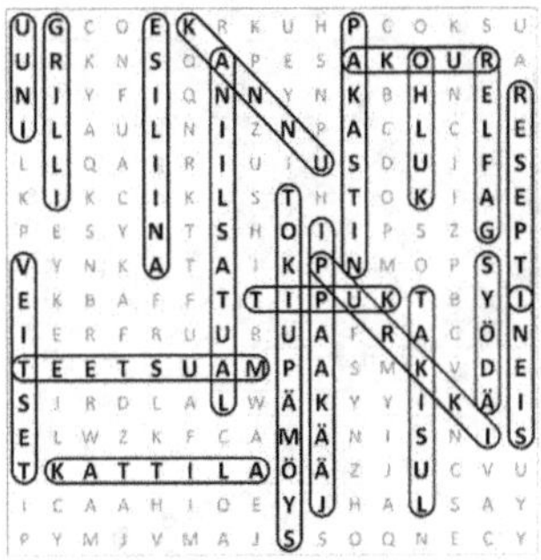

54 - Government

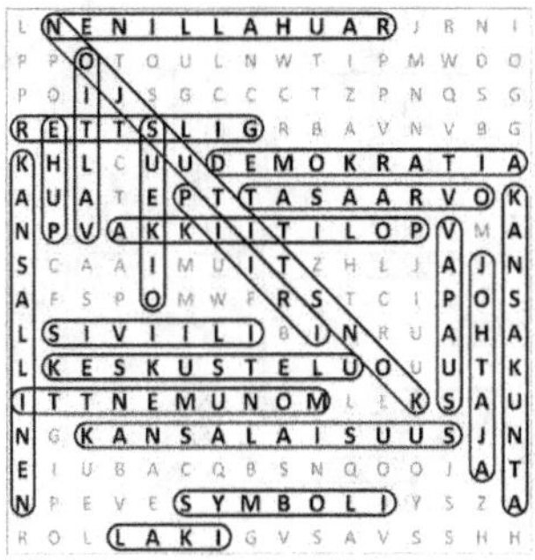

55 - Art Supplies

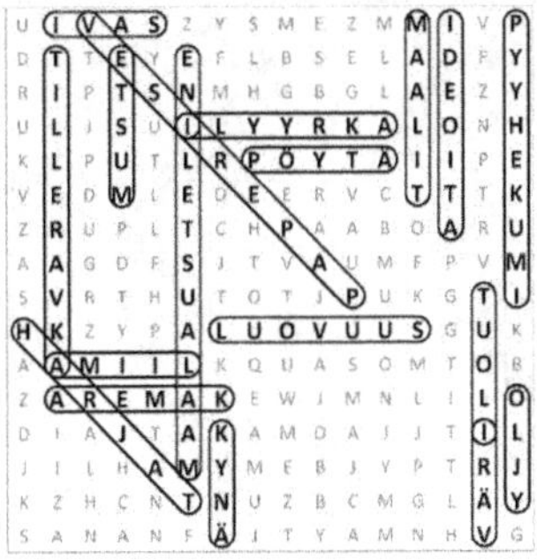

56 - Science Fiction

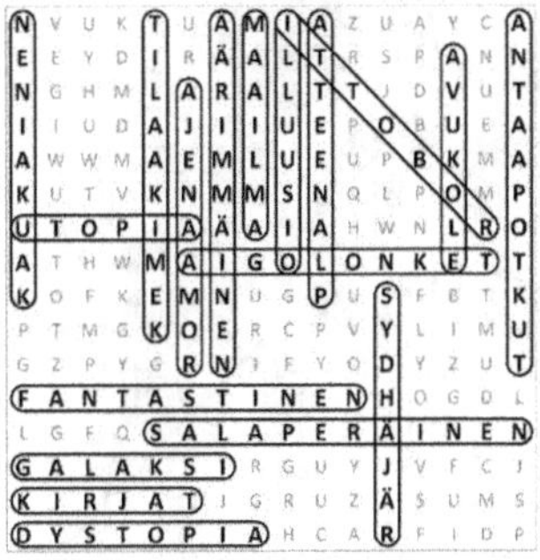

57 - Geometry

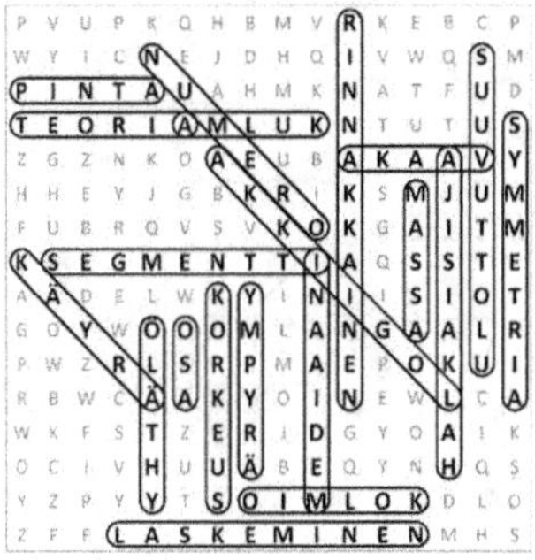

58 - Creativity

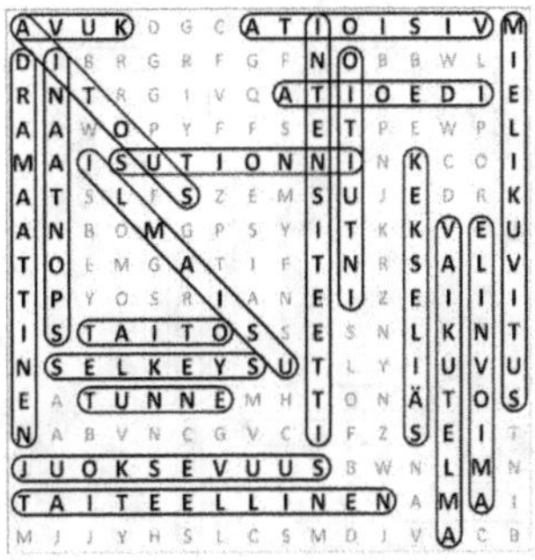

59 - Airplanes

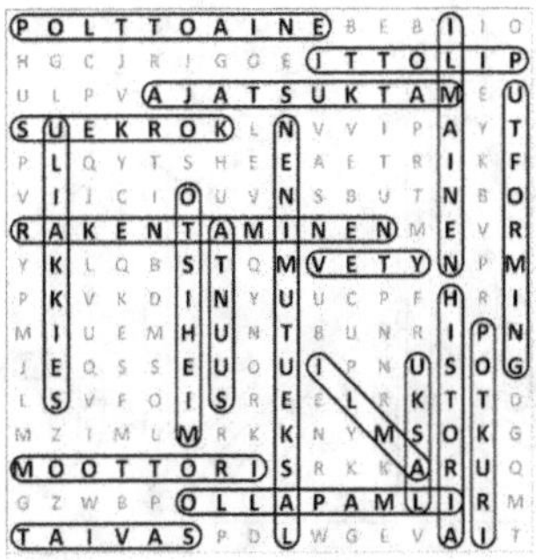

60 - Ocean

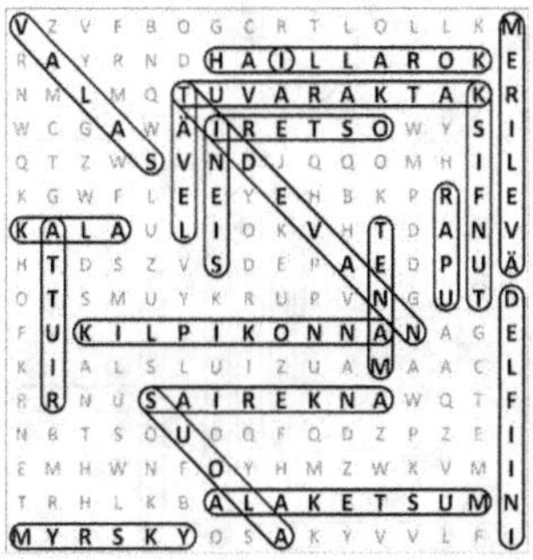

61 - Force and Gravity

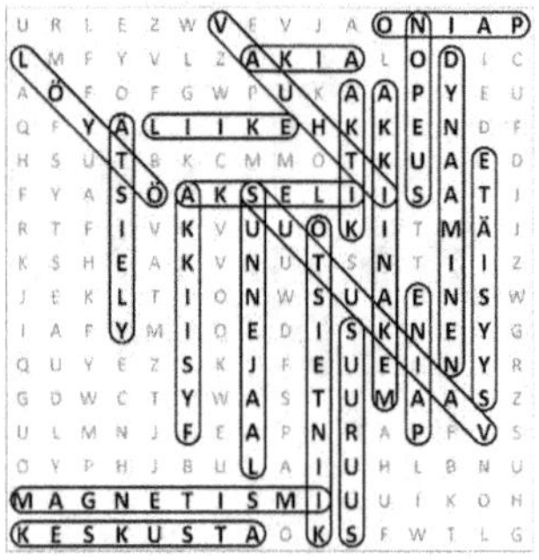

62 - Birds

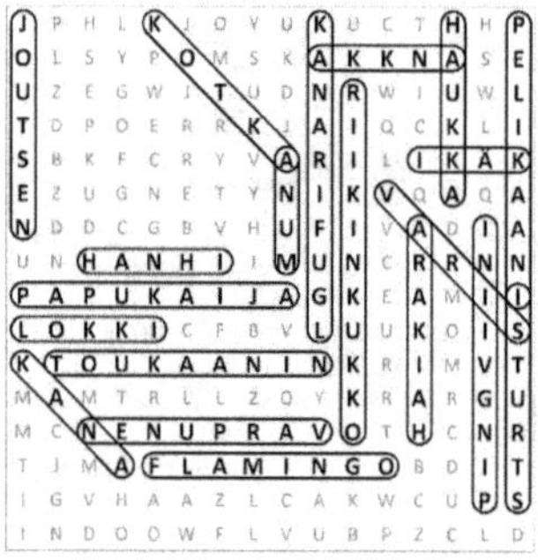

63 - Nutrition

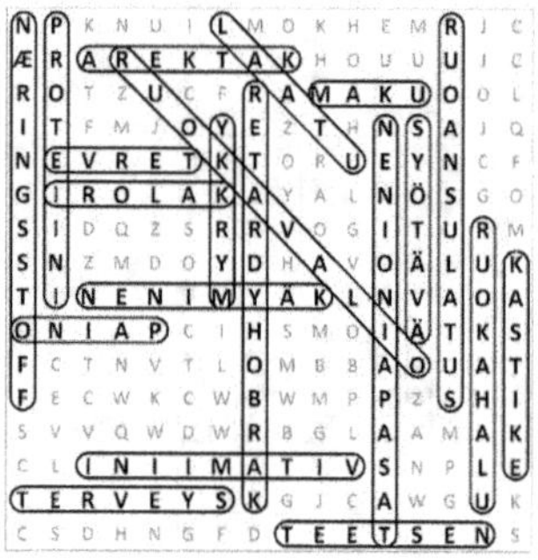

64 - Hiking

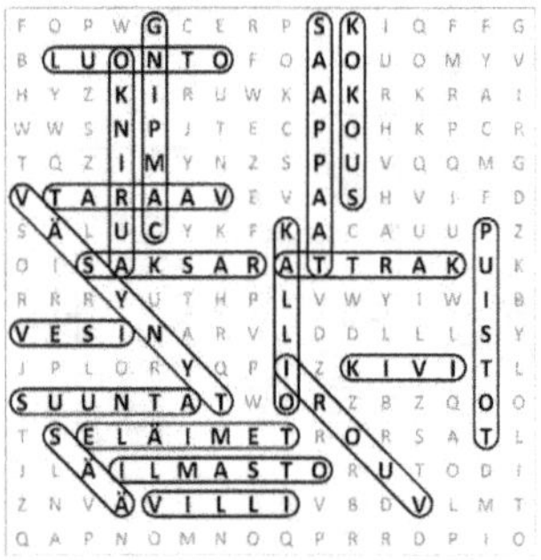

65 - Professions #1

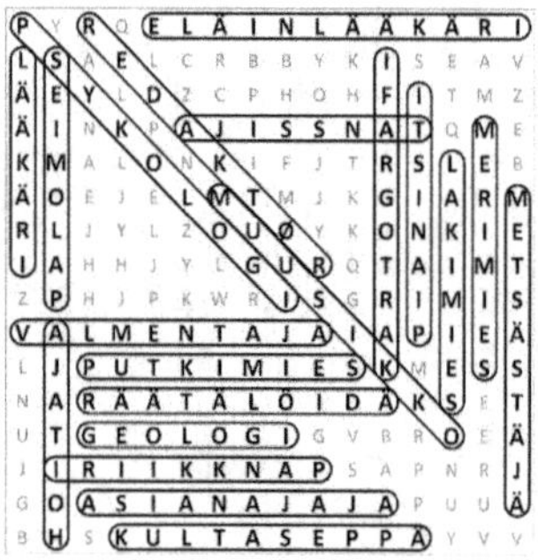

66 - Barbecues

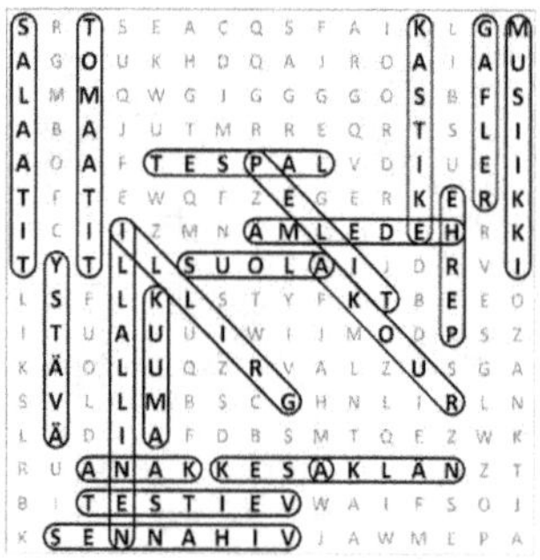

67 - Chocolate

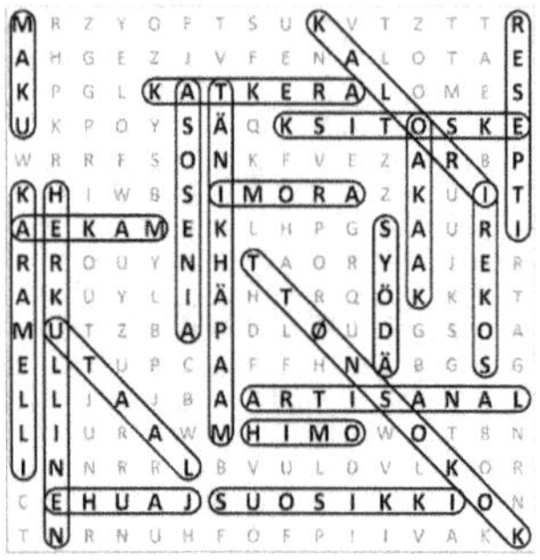

68 - Vegetables

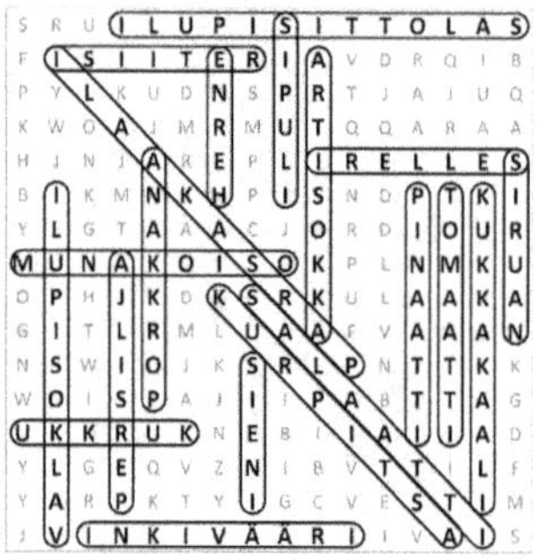

69 - The Media

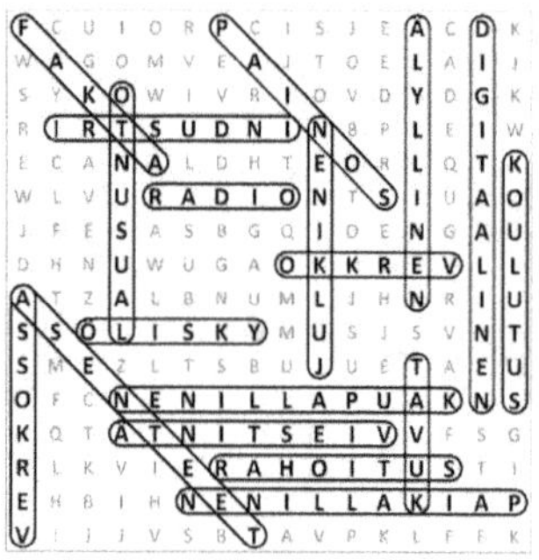

70 - Boats

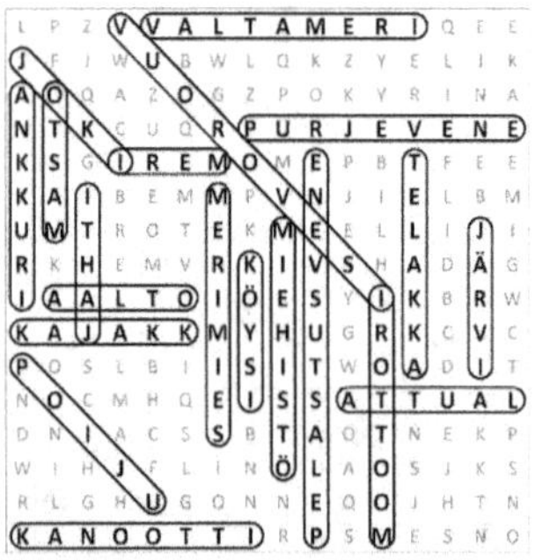

71 - Activities and Leisure

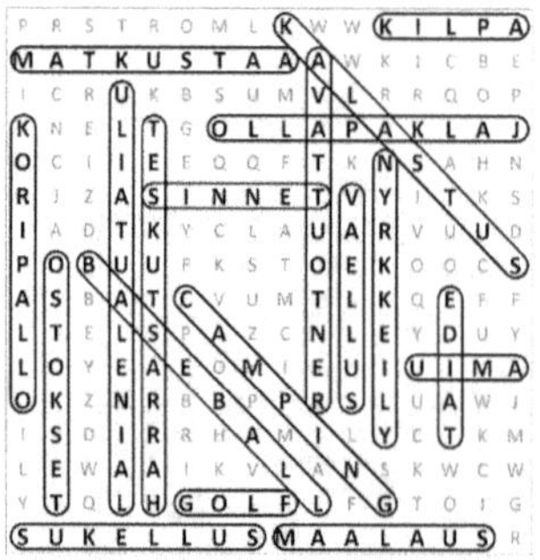

72 - Driving

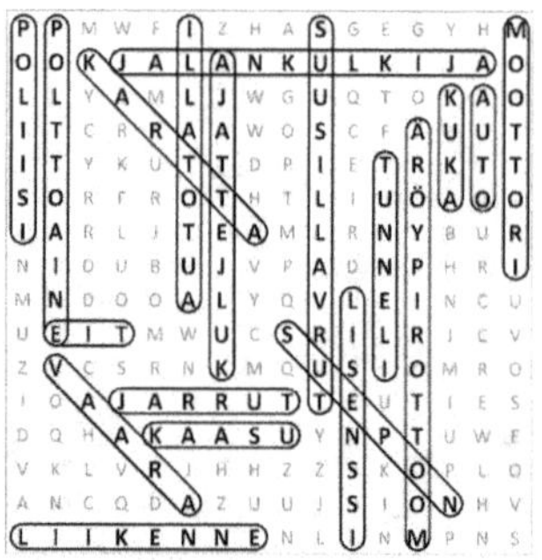

73 - Biology

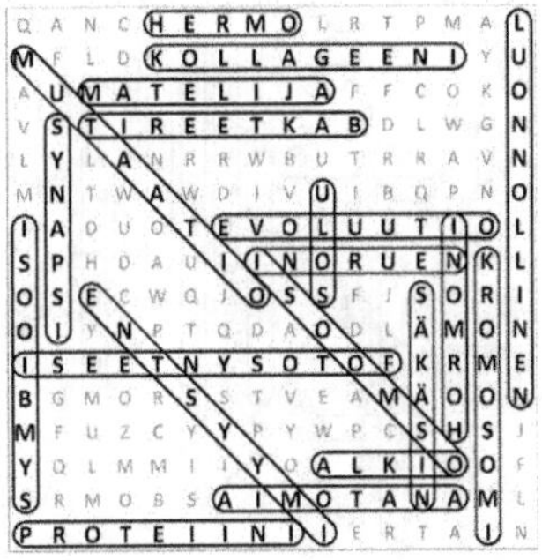

74 - Professions #2

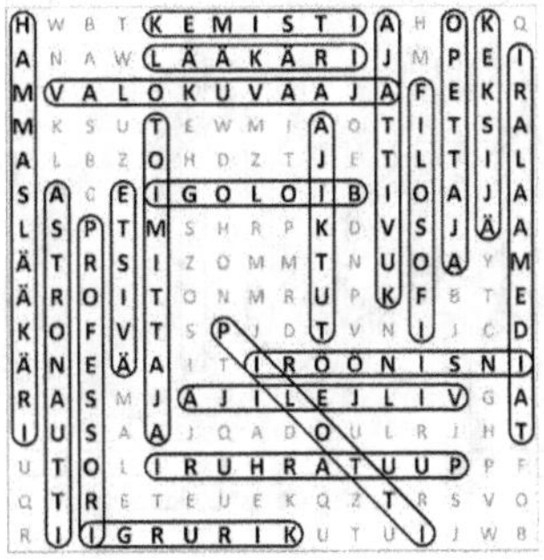

75 - Emotions

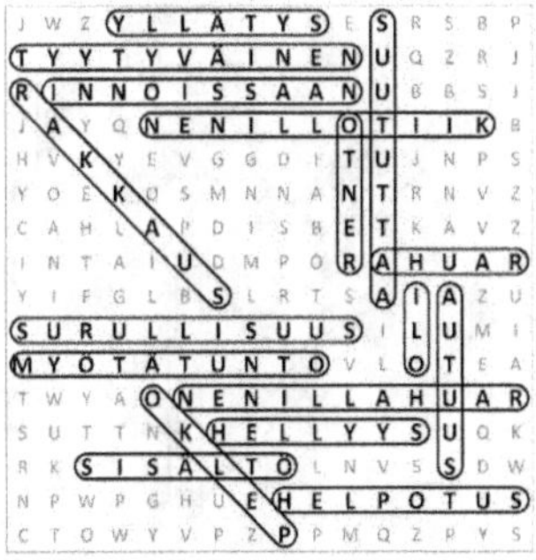

76 - Mythology

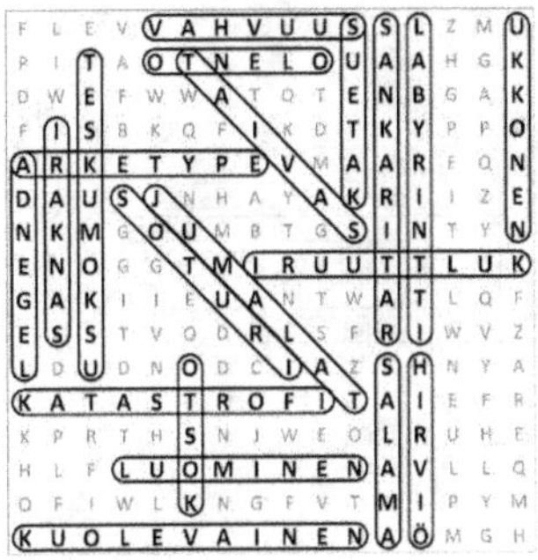

77 - Agronomy

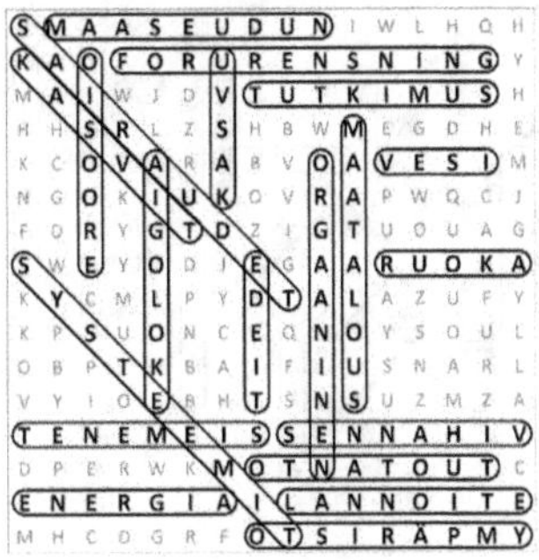

78 - Hair Types

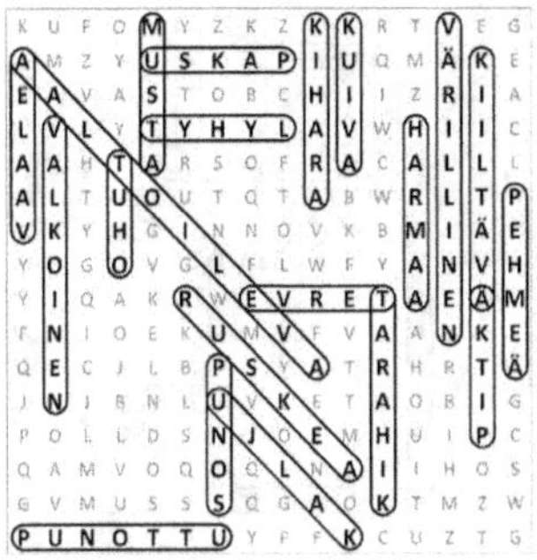

79 - Garden

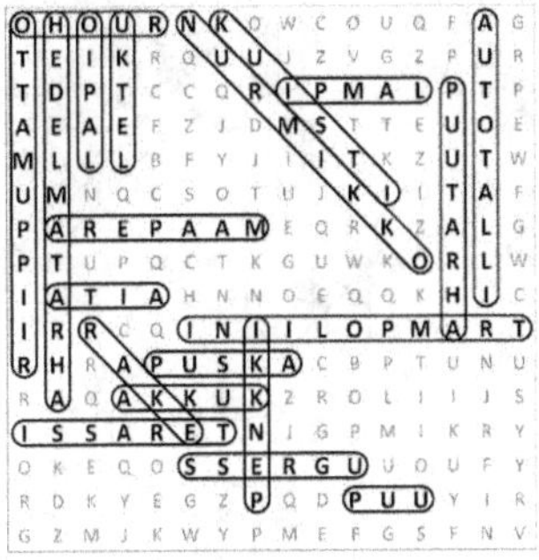

80 - Diplomacy

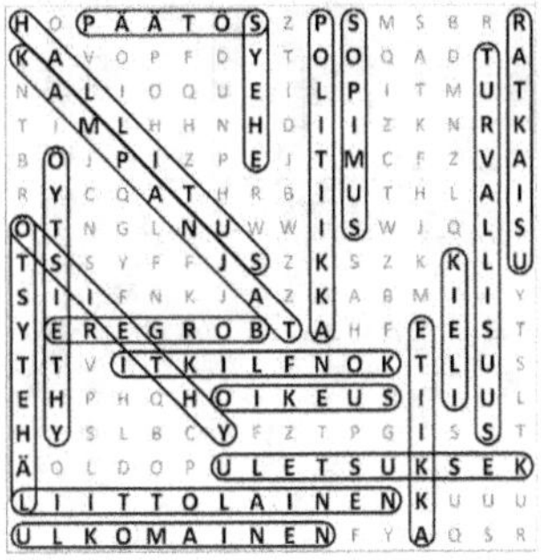

81 - Countries #1

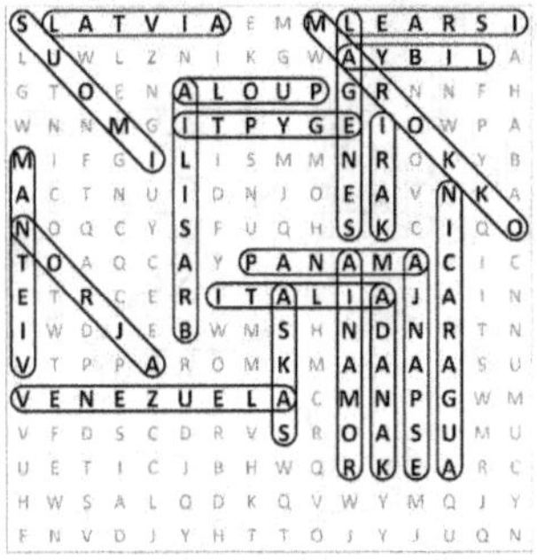

82 - Immigration

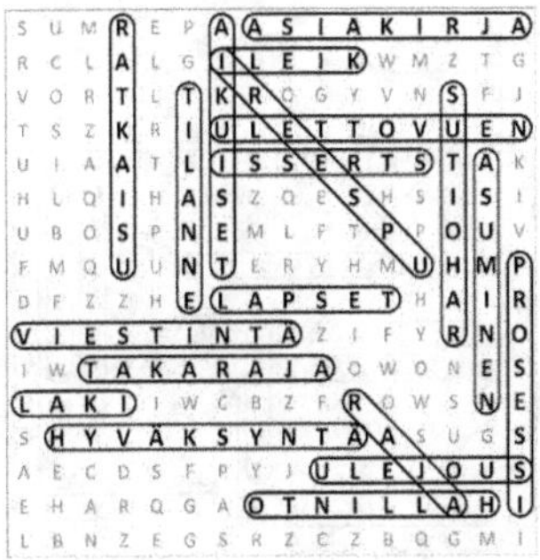

83 - Adjectives #1

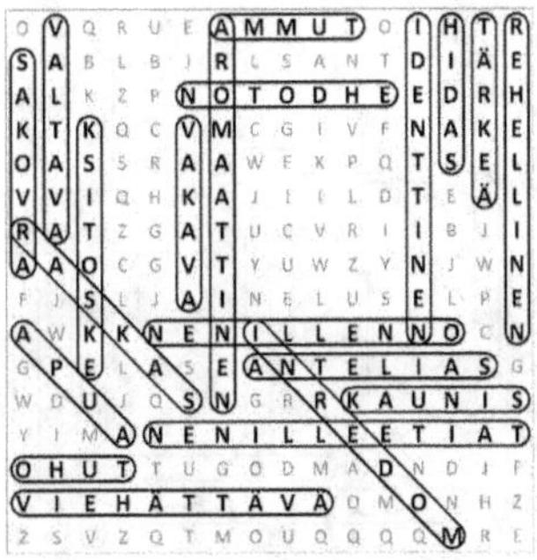

84 - Technology

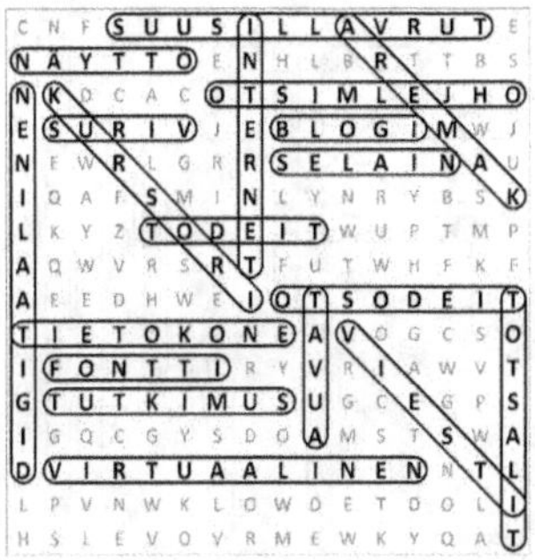

85 - Global Warming

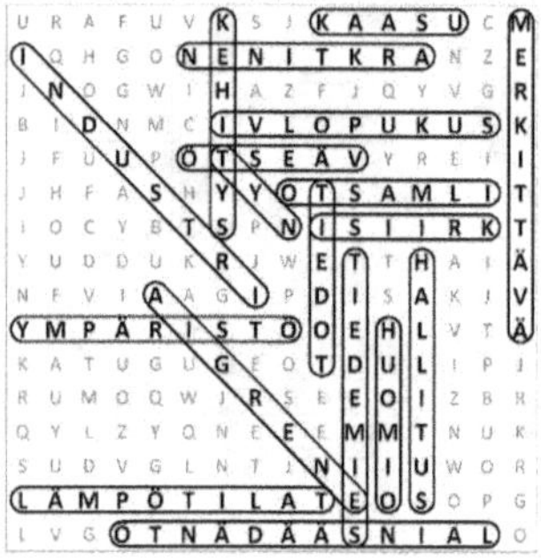

86 - Landscapes

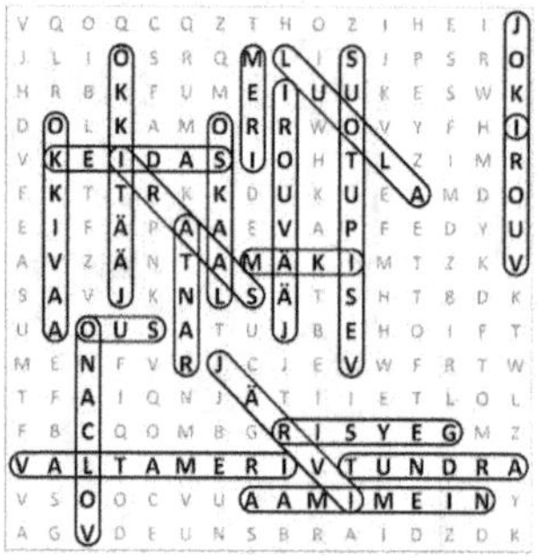

87 - Visual Arts

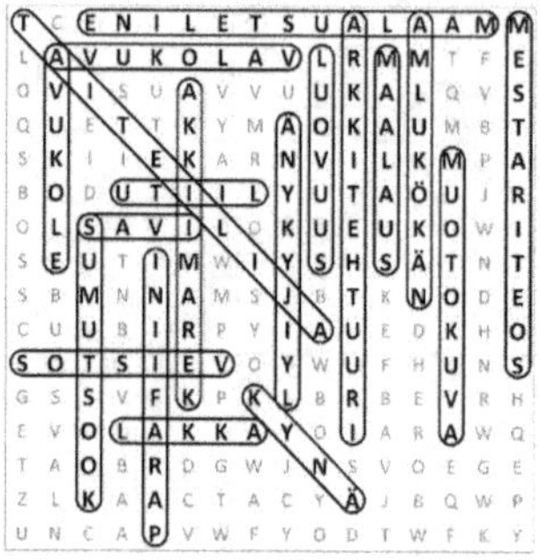

88 - Plants

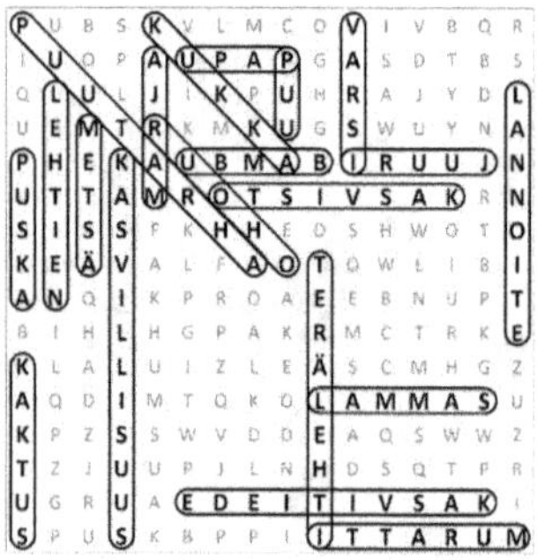

89 - Countries #2

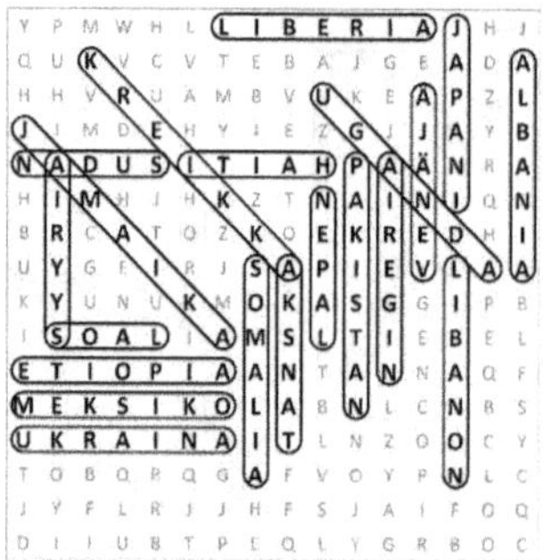

90 - Adjectives #2

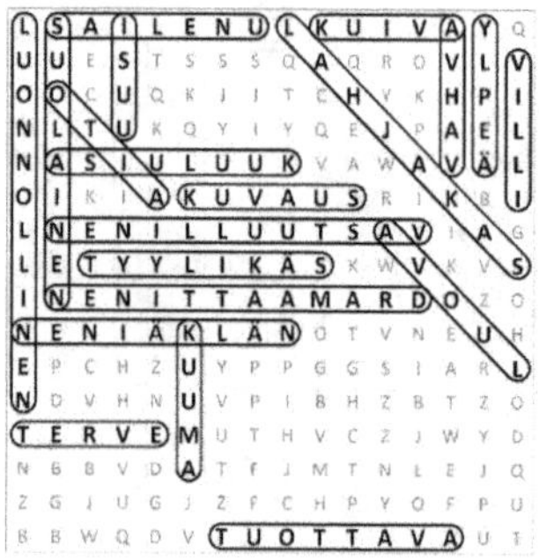

91 - Math

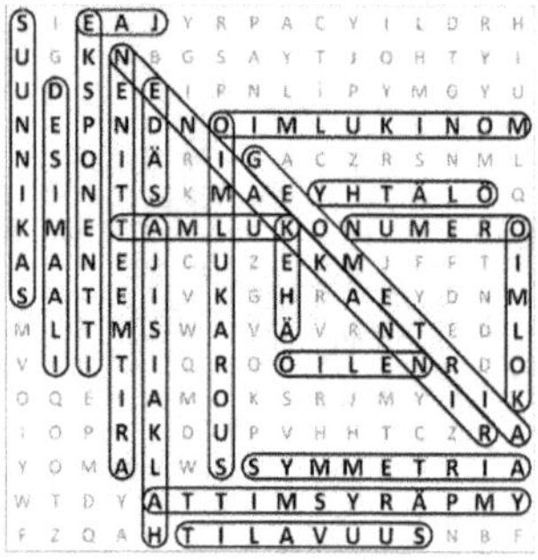

92 - Water

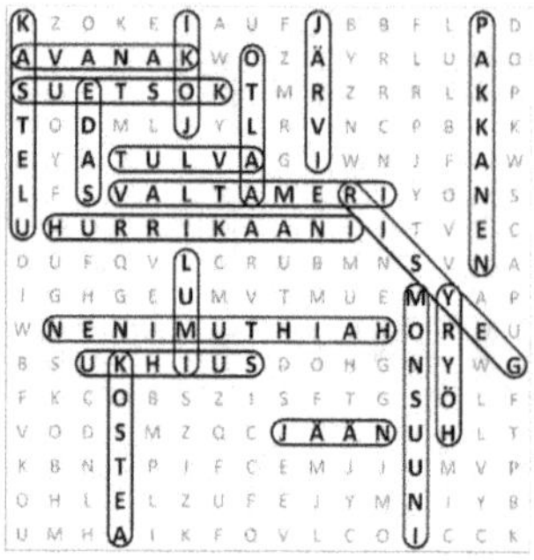

93 - Activities

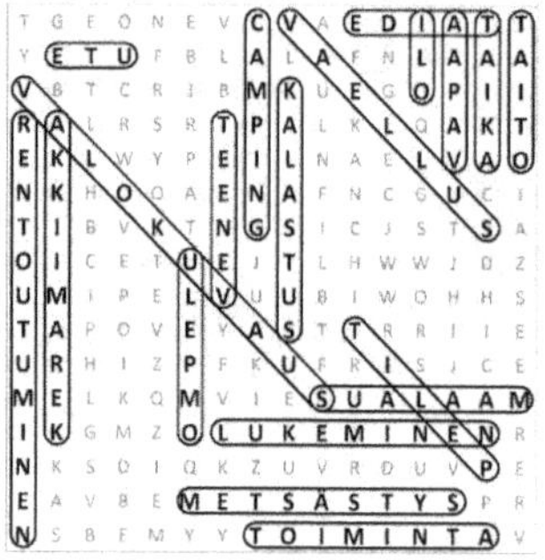

94 - Business

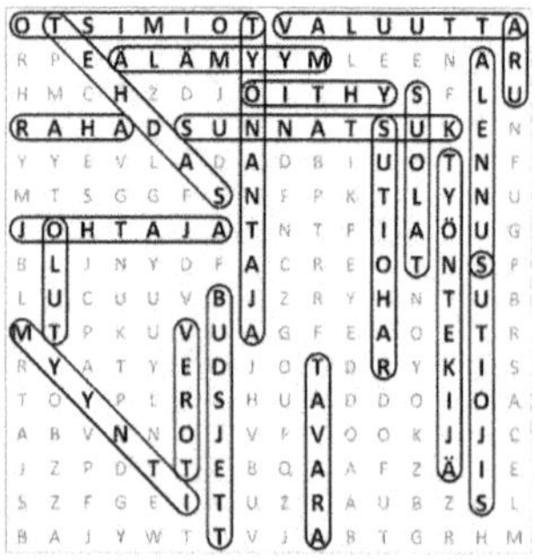

95 - Literature

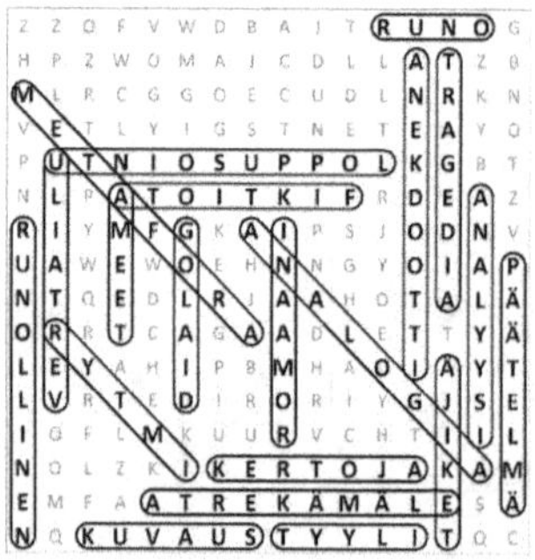

96 - Geography

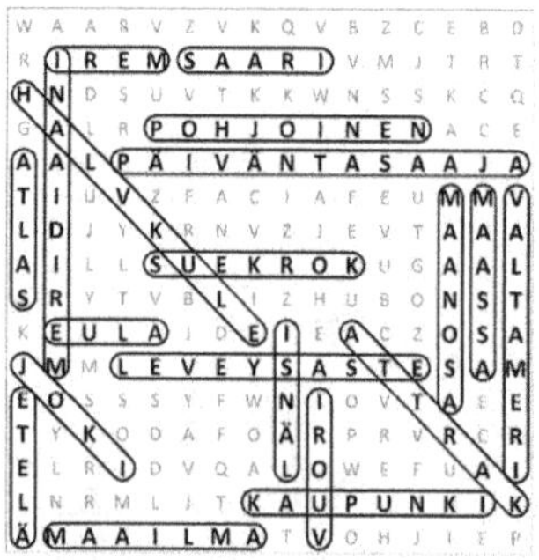

97 - Jazz

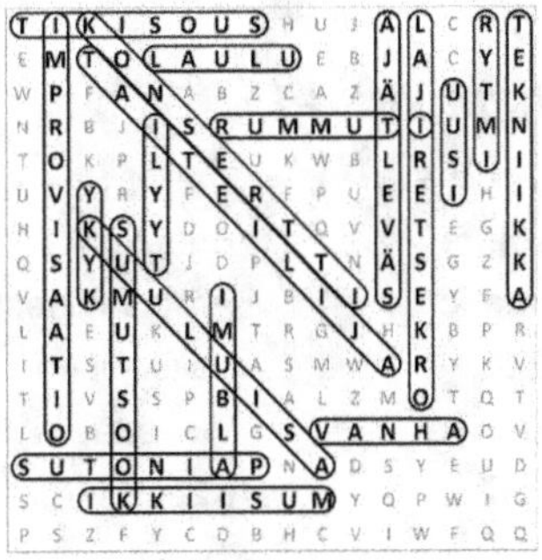

98 - Nature

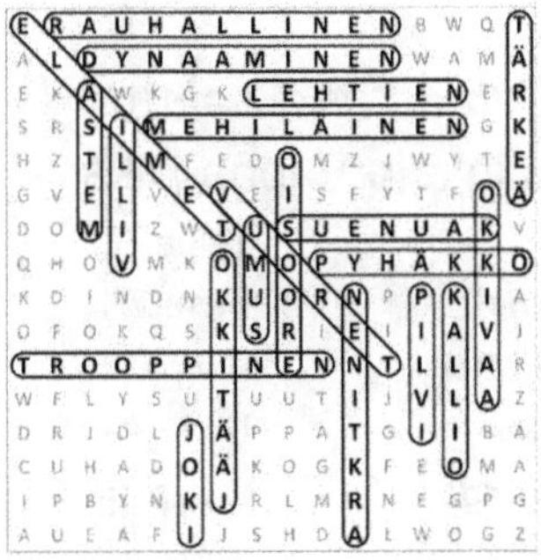

99 - Vacation #2

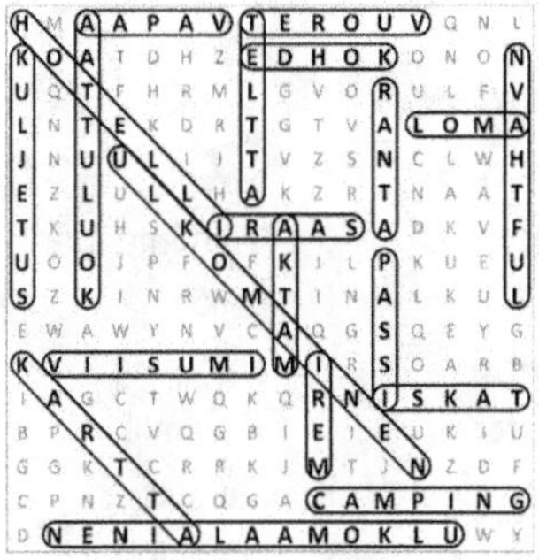

100 - Electricity

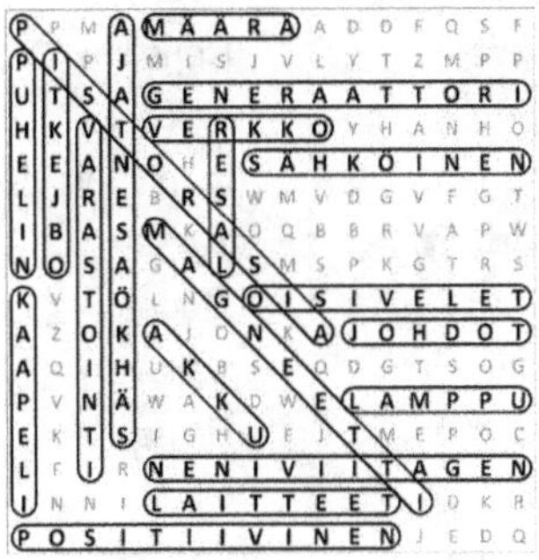

Dictionary

Activities
Toiminta

Activity	Toiminta
Art	Taide
Camping	Camping
Ceramics	Keramiikka
Crafts	Veneet
Fishing	Kalastus
Games	Pelit
Hiking	Vaellus
Hunting	Metsästys
Interests	Etu
Leisure	Vapaa
Magic	Taika
Painting	Maalaus
Photography	Valokuvaus
Pleasure	Ilo
Reading	Lukeminen
Relaxation	Rentoutuminen
Sewing	Ompelu
Skill	Taito

Activities and Leisure
Toiminta ja Vapaa-Aika

Art	Taide
Baseball	Baseball
Basketball	Koripallo
Boxing	Nyrkkeily
Camping	Camping
Diving	Sukellus
Fishing	Kalastus
Golf	Golf
Hiking	Vaellus
Hobbies	Harrastukset
Painting	Maalaus
Racing	Kilpa
Relaxing	Rentouttava
Shopping	Ostokset
Soccer	Jalkapallo
Surfing	Lainelautailu
Swimming	Uima
Tennis	Tennis
Travel	Matkustaa
Volleyball	Lentopallo

Adjectives #1
Adjektiivit #1

Absolute	Ehdoton
Aromatic	Aromaattinen
Artistic	Taiteellinen
Attractive	Viehättävä
Beautiful	Kaunis
Dark	Tumma
Exotic	Eksotisk
Generous	Antelias
Happy	Onnellinen
Heavy	Raskas
Helpful	Apua
Honest	Rehellinen
Huge	Valtava
Identical	Identtinen
Important	Tärkeä
Modern	Moderni
Serious	Vakava
Slow	Hidas
Thin	Ohut
Valuable	Arvokas

Adjectives #2
Adjektiivit #2

Authentic	Aito
Creative	Luova
Descriptive	Kuvaus
Dramatic	Dramaattinen
Dry	Kuiva
Elegant	Tyylikäs
Famous	Kuuluisa
Gifted	Lahjakas
Healthy	Terve
Hot	Kuuma
Hungry	Nälkäinen
Natural	Luonnollinen
New	Uusi
Productive	Tuottava
Proud	Ylpeä
Responsible	Vastuullinen
Salty	Suolainen
Sleepy	Unelias
Strong	Vahva
Wild	Villi

Adventure
Seikkailu

Activity	Toiminta
Beauty	Kauneus
Challenges	Haasteet
Chance	Mahdollisuus
Dangerous	Vaarallinen
Destination	Kohde
Difficulty	Vaikeus
Enthusiasm	Innostus
Excursion	Retki
Friends	Ystävä
Itinerary	Matka
Joy	Ilo
Nature	Luonto
Navigation	Navigointi
New	Uusi
Safety	Turvallisuus
Surprising	Yllättävä
Travels	Matkustaa
Unusual	Epätavallinen

Agronomy
Agronomia

Agriculture	Maatalous
Diseases	Sairaudet
Ecology	Ekologia
Energy	Energia
Environment	Ympäristö
Erosion	Eroosio
Fertilizer	Lannoite
Food	Ruoka
Growth	Kasvu
Organic	Orgaaninen
Plants	Kasvit
Pollution	Forurensning
Production	Tuotanto
Rural	Maaseudun
Science	Tiede
Seeds	Siemenet
Study	Tutkimus
Systems	Systeemit
Vegetables	Vihannes
Water	Vesi

Airplanes
Lentokone

Adventure	Seikkailu
Air	Ilma
Atmosphere	Ilmainen
Balloon	Ilmapallo
Construction	Rakentaminen
Crew	Miehistö
Descent	Laskeutuminen
Design	Utforming
Direction	Suunta
Engine	Moottori
Fuel	Polttoaine
Height	Korkeus
History	Historia
Hydrogen	Vety
Landing	Lasku
Passenger	Matkustaja
Pilot	Pilotti
Propellers	Potkuri
Sky	Taivas
Turbulence	Turbulenssi

Algebra
Algebra

Diagram	Kaavio
Division	Jako
Equation	Yhtälö
Exponent	Eksponentti
Factor	Tekijä
False	Väärä
Formula	Kaava
Fraction	Jae
Infinite	Ääretön
Linear	Lineaarinen
Matrix	Matriisi
Number	Numero
Parenthesis	Parentes
Problem	Ongelma
Quantity	Määrä
Solution	Ratkaisu
Solve	Ratkaista
Subtraction	Vähennys
Variable	Muuttuja
Zero	Nolla

Antarctica
Antarktis

Bay	Lahti
Birds	Lintu
Clouds	Pilvi
Conservation	Säilyttäminen
Continent	Maanosa
Environment	Ympäristö
Expedition	Retkikunta
Geography	Maantiede
Glaciers	Isbreer
Ice	Jään
Islands	Saaret
Migration	Muutto
Minerals	Mineraali
Peninsula	Niemimaa
Researcher	Tutkija
Rocky	Kivinen
Scientific	Tieteellinen
Temperature	Lämpötila
Topography	Topografia
Water	Vesi

Antiques
Antiikki

Art	Taide
Auction	Huutokauppa
Authentic	Aito
Century	Vuosisata
Coins	Kolikot
Collector	Keräilijä
Decorative	Koriste
Elegant	Tyylikäs
Furniture	Huonekalu
Gallery	Galleria
Investment	Sijoitus
Jewelry	Korut
Old	Vanha
Price	Hinta
Quality	Laatu
Restoration	Entisöinti
Sculpture	Veistos
Style	Tyyli
Unusual	Epätavallinen
Value	Arvo

Archeology
Arkeologia

Analysis	Analyysi
Ancient	Muinainen
Antiquity	Antiikin
Bones	Luut
Civilization	Sivilisaatio
Descendant	Jälkeläinen
Era	Aikakausi
Evaluation	Arviointi
Expert	Asiantuntija
Forgotten	Unohdettu
Fossil	Fossiili
Fragments	Fragmentteja
Mystery	Mysteeri
Objects	Objekti
Relic	Jäänne
Researcher	Tutkija
Team	Tiimi
Temple	Temppeli
Tomb	Hauta
Unknown	Tuntematon

Art Supplies
Taide-Tarvikkeet

Acrylic	Akryyli
Brushes	Harjat
Camera	Kamera
Chair	Tuoli
Clay	Savi
Colors	Väri
Creativity	Luovuus
Easel	Maalausteline
Eraser	Pyyhekumi
Glue	Liima
Ideas	Ideoita
Ink	Muste
Oil	Öljy
Paints	Maalit
Paper	Paperi
Pencils	Kynä
Table	Pöytä
Water	Vesi
Watercolors	Akvarellit

Astronomy
Tähtitiede

Asteroid	Asteroidi
Astronaut	Astronautti
Constellation	Tähdistö
Cosmos	Kosmos
Earth	Maa
Eclipse	Pimennys
Equinox	Jevndøgn
Galaxy	Galaksi
Meteor	Meteori
Moon	Kuu
Nebula	Sumu
Observatory	Observatorio
Planet	Planeetta
Radiation	Säteily
Rocket	Raketti
Satellite	Satelliitti
Sky	Taivas
Solar	Aurinko
Supernova	Supernova
Zodiac	Zodiakki

Barbecues
Grilli

Chicken	Kana
Children	Lapset
Dinner	Illallinen
Family	Perhe
Food	Ruoka
Forks	Gafler
Friends	Ystävä
Fruit	Hedelmä
Games	Pelit
Grill	Grilli
Hot	Kuuma
Hunger	Nälkä
Knives	Veitset
Music	Musiikki
Salads	Salaatit
Salt	Suola
Sauce	Kastike
Summer	Kesä
Tomatoes	Tomaatit
Vegetables	Vihannes

Beauty
Kauneus

Charm	Viehätys
Color	Väri
Cosmetics	Kosmetiikka
Curls	Kiharat
Elegance	Eleganssi
Elegant	Tyylikäs
Fragrance	Tuoksu
Grace	Armo
Lipstick	Leppestift
Makeup	Meikki
Mascara	Ripsiväri
Mirror	Peili
Oils	Öljyt
Photogenic	Fotogen
Scissors	Sakset
Services	Palvelut
Shampoo	Shampoo
Skin	Iho
Smooth	Sileä
Stylist	Stylisti

Bees
Mehiläiset

Beneficial	Hyödyllinen
Blossom	Kukka
Ecosystem	Ekosysteemi
Flowers	Kukat
Food	Ruoka
Fruit	Hedelmä
Garden	Puutarha
Hive	Pesä
Honey	Hunaja
Insect	Hyönteinen
Plants	Kasvit
Pollen	Siitepöly
Pollinator	Pollinator
Queen	Kuningatar
Smoke	Savu
Sun	Aurinko
Swarm	Parvi
Wax	Parafiini
Wings	Siivet

Biology
Biologia

Anatomy	Anatomia
Bacteria	Bakteerit
Cell	Solu
Chromosome	Kromosomi
Collagen	Kollageeni
Embryo	Alkio
Enzyme	Entsyymi
Evolution	Evoluutio
Hormone	Hormoni
Mammal	Nisäkäs
Mutation	Mutaatio
Natural	Luonnollinen
Nerve	Hermo
Neuron	Neuroni
Osmosis	Osmoosi
Photosynthesis	Fotosynteesi
Protein	Proteiini
Reptile	Matelija
Symbiosis	Symbioosi
Synapse	Synapsi

Birds
Linnut

Canary	Kanarifugl
Chicken	Kana
Crow	Varis
Cuckoo	Käki
Duck	Ankka
Eagle	Kotka
Egg	Muna
Flamingo	Flamingo
Goose	Hanhi
Gull	Lokki
Hawk	Haukka
Ostrich	Strutsi
Parrot	Papukaija
Peacock	Riikinkukko
Pelican	Pelikaani
Penguin	Pingviini
Sparrow	Varpunen
Stork	Haikara
Swan	Joutsen
Toucan	Toukaanin

Boats
Veneitä

Anchor	Ankkuri
Buoy	Poiju
Canoe	Kanootti
Crew	Miehistö
Dock	Telakka
Engine	Moottori
Ferry	Lautta
Kayak	Kajakk
Lake	Järvi
Lifeboat	Pelastusvene
Mast	Masto
Ocean	Valtameri
River	Joki
Rope	Köysi
Sailboat	Purjevene
Sailor	Merimies
Sea	Meri
Tide	Vuorovesi
Waves	Aalto
Yacht	Jahti

Books
Kirjat

Adventure	Seikkailu
Author	Tekijä
Character	Merkki
Collection	Kokoelma
Context	Konteksti
Duality	Kaksinaisuus
Epic	Eeppinen
Humorous	Humoristinen
Inventive	Kekseliäs
Narrator	Kertoja
Novel	Romaani
Page	Sivu
Poem	Runo
Poetry	Runous
Reader	Lukija
Relevant	Relevaantia
Series	Sarja
Story	Tarina
Tragic	Traaginen
Written	Skriftlig

Buildings
Rakennukset

Apartment	Huoneisto
Barn	Lato
Cabin	Mökki
Castle	Linna
Cinema	Elokuva
Embassy	Lähetystö
Factory	Tehdas
Hospital	Sairaala
Hostel	Hostelli
Hotel	Hotelli
Laboratory	Laboratorio
Museum	Museo
Observatory	Observatorio
School	Koulu
Stadium	Stadion
Supermarket	Supermarket
Tent	Teltta
Theater	Teatteri
Tower	Torni
University	Yliopisto

Business
Liiketoimintaa

Budget	Budsjett
Career	Ura
Company	Yhtiö
Cost	Kustannus
Currency	Valuutta
Discount	Alennus
Economics	Talous
Employee	Työntekijä
Employer	Työnantaja
Factory	Tehdas
Finance	Rahoitus
Income	Tulo
Investment	Sijoitus
Manager	Johtaja
Merchandise	Tavara
Money	Raha
Office	Toimisto
Sale	Myynti
Shop	Myymälä
Taxes	Verot

Camping
Telttailu

Adventure	Seikkailu
Animals	Eläimet
Cabin	Mökki
Canoe	Kanootti
Compass	Kompassi
Fire	Antaa Potkut
Forest	Metsä
Fun	Hauskaa
Hammock	Riippumatto
Hat	Hattu
Hunting	Metsästys
Insect	Hyönteinen
Lake	Järvi
Map	Kartta
Moon	Kuu
Mountain	Vuori
Nature	Luonto
Rope	Köysi
Tent	Teltta
Trees	Puu

Chemistry
Kemia

Acid	Happo
Alkaline	Emäksinen
Carbon	Hiili
Catalyst	Katalysator
Chlorine	Kloori
Electron	Elektroni
Enzyme	Entsyymi
Gas	Kaasu
Heat	Lämpö
Hydrogen	Vety
Ion	Ioni
Liquid	Neste
Metals	Metallit
Molecule	Molekyyli
Nuclear	Ydin
Organic	Orgaaninen
Oxygen	Happi
Salt	Suola
Temperature	Lämpötila
Weight	Paino

Chocolate
Suklaa

Aroma	Aromi
Artisanal	Artisanal
Bitter	Katkera
Cacao	Kaakao
Calories	Kalori
Caramel	Karamelli
Coconut	Kokosnøtt
Craving	Himo
Delicious	Herkullinen
Exotic	Eksotisk
Favorite	Suosikki
Ingredient	Ainesosa
Peanuts	Maapähkinät
Powder	Jauhe
Quality	Laatu
Recipe	Resepti
Sugar	Sokeri
Sweet	Makea
Taste	Maku
To Eat	Syödä

Clothes
Vaatteensa

Apron	Esiliina
Belt	Vyö
Blouse	Pusero
Bracelet	Armbånd
Coat	Takki
Dress	Mekko
Fashion	Muoti
Gloves	Käsineet
Hat	Hattu
Jeans	Farkut
Jewelry	Korut
Necklace	Kaulakoru
Pajamas	Pyjama
Pants	Housut
Sandals	Sandaalit
Scarf	Huivi
Shirt	Paita
Shoe	Kenkä
Skirt	Hame
Sweater	Villapaita

Countries #1
Maat #1

Brazil	Brasilia
Canada	Kanada
Egypt	Egypti
Finland	Suomi
Germany	Saksa
Iraq	Irak
Israel	Israel
Italy	Italia
Latvia	Latvia
Libya	Libya
Morocco	Marokko
Nicaragua	Nicaragua
Norway	Norja
Panama	Panama
Poland	Puola
Romania	Romania
Senegal	Senegal
Spain	Espanja
Venezuela	Venezuela
Vietnam	Vietnam

Countries #2
Maat #2

Albania	Albania
Denmark	Tanska
Ethiopia	Etiopia
Greece	Kreikka
Haiti	Haiti
Jamaica	Jamaika
Japan	Japani
Laos	Laos
Lebanon	Libanon
Liberia	Liberia
Mexico	Meksiko
Nepal	Nepal
Nigeria	Nigeria
Pakistan	Pakistan
Russia	Venäjä
Somalia	Somalia
Sudan	Sudan
Syria	Syyria
Uganda	Uganda
Ukraine	Ukraina

Creativity
Luovuus

Artistic	Taiteellinen
Authenticity	Aitous
Clarity	Selkeys
Dramatic	Dramaattinen
Expression	Ilmaisu
Fluidity	Juoksevuus
Ideas	Ideoita
Image	Kuva
Imagination	Mielikuvitus
Impression	Vaikutelma
Inspiration	Innoitus
Intensity	Intensiteetti
Intuition	Intuitio
Inventive	Kekseliäs
Sensation	Tunne
Skill	Taito
Spontaneous	Spontaani
Visions	Visioita
Vitality	Elinvoima

Days and Months
Päivät ja Kuukaudet

April	Huhtikuu
August	Elokuu
Calendar	Kalenteri
February	Helmikuu
Friday	Perjantai
January	Tammikuu
July	Heinäkuu
March	Maaliskuu
Monday	Maanantai
Month	Kuukausi
November	Marraskuu
October	Lokakuu
Saturday	Lauantai
September	Syyskuu
Sunday	Sunnuntai
Thursday	Torstai
Tuesday	Tiistai
Wednesday	Keskiviikko
Week	Viikko
Year	Vuosi

Diplomacy
Diplomatia

Adviser	Neuvonantaja
Ally	Liittolainen
Campaigns	Kampanjat
Citizens	Borgere
Community	Yhteisö
Conflict	Konflikti
Cooperation	Yhteistyö
Discussion	Keskustelu
Embassy	Lähetystö
Ethics	Etiikka
Foreign	Ulkomainen
Government	Hallitus
Integrity	Eheys
Justice	Oikeus
Languages	Kieli
Politics	Politiikka
Resolution	Päätös
Security	Turvallisuus
Solution	Ratkaisu
Treaty	Sopimus

Disease
Sairaus

Abdominal	Vatsa
Allergies	Allergia
Bacterial	Bakteeri
Body	Keho
Bones	Luut
Chronic	Krooninen
Contagious	Tarttuva
Health	Terveys
Heart	Sydän
Hereditary	Perinnöllinen
Immunity	Immuniteetti
Inflammation	Tulehdus
Lumbar	Lumbale
Neuropathy	Neuropatia
Pulmonary	Keuhko
Respiratory	Hengitys
Syndrome	Syndrooma
Therapy	Terapia
Weak	Heikko
Wellness	Hyvinvointi

Driving
Ajo

Accident	Onnettomuus
Brakes	Jarrut
Car	Auto
Danger	Vaara
Driver	Kuljettaja
Fuel	Polttoaine
Garage	Autotalli
Gas	Kaasu
License	Lisenssi
Map	Kartta
Motor	Moottori
Motorcycle	Moottoripyörä
Pedestrian	Jalankulkija
Police	Poliisi
Road	Tie
Safety	Turvallisuus
Speed	Nopeus
Traffic	Liikenne
Truck	Kuka
Tunnel	Tunneli

Electricity
Sähköt

Battery	Akku
Cable	Kaapeli
Electric	Sähköinen
Electrician	Sähköasentaja
Equipment	Laitteet
Generator	Generaattori
Lamp	Lamppu
Laser	Laser
Magnet	Magneetti
Negative	Negatiivinen
Network	Verkko
Objects	Objekti
Positive	Positiivinen
Quantity	Määrä
Socket	Pistorasia
Storage	Varastointi
Telephone	Puhelin
Television	Televisio
Wires	Johdot

Emotions
Tunteita

Anger	Suututtaa
Bliss	Autuus
Boredom	Ikävystyminen
Calm	Rauhallinen
Content	Sisältö
Excited	Innoissaan
Fear	Pelko
Grateful	Kiitollinen
Joy	Ilo
Kindness	Ystävällisyys
Love	Rakkaus
Peace	Rauha
Relaxed	Rento
Relief	Helpotus
Sadness	Surullisuus
Satisfied	Tyytyväinen
Surprise	Yllätys
Sympathy	Myötätunto
Tenderness	Hellyys
Tranquility	Rauhallisuus

Energy
Energiaa

Battery	Akku
Carbon	Hiili
Diesel	Diesel
Electric	Sähköinen
Electron	Elektroni
Entropy	Entropia
Environment	Ympäristö
Fuel	Polttoaine
Gasoline	Bensiini
Heat	Lämpö
Hydrogen	Vety
Industry	Industri
Motor	Moottori
Nuclear	Ydin
Photon	Fotoni
Pollution	Forurensning
Renewable	Uusiutuva
Steam	Höyry
Turbine	Turbiini
Wind	Tuuli

Engineering
Suunnittelu

Angle	Kulma
Axis	Akseli
Calculation	Laskeminen
Construction	Rakentaminen
Depth	Syvyys
Diagram	Kaavio
Diameter	Halkaisija
Diesel	Diesel
Distribution	Jakelu
Energy	Energia
Gears	Vaihde
Levers	Vipu
Liquid	Neste
Machine	Kone
Measurement	Mittaus
Motor	Moottori
Propulsion	Propulsio
Stability	Vakaus
Strength	Vahvuus
Structure	Rakenne

Family
Perhe

Ancestor	Stamfar
Aunt	Täti
Brother	Veli
Child	Lapsi
Childhood	Lapsuus
Children	Lapset
Cousin	Serkku
Daughter	Tytär
Grandchild	Lapsenlapsi
Grandfather	Isoisä
Grandson	Pojanpoika
Husband	Mies
Maternal	Äidin
Mother	Äiti
Nephew	Veljenpoika
Niece	Veljentytär
Paternal	Isän
Sister	Sisko
Uncle	Setä
Wife	Vaimo

Farm #1
Maatila nro 1

Agriculture	Maatalous
Bee	Mehiläinen
Bison	Biison
Calf	Vasikka
Cat	Kissa
Chicken	Kana
Cow	Lehmä
Crow	Varis
Dog	Koira
Donkey	Aasi
Fence	Aita
Fertilizer	Lannoite
Field	Kenttä
Goat	Vuohi
Hay	Heinä
Honey	Hunaja
Horse	Hevonen
Rice	Riisi
Seeds	Siemenet
Water	Vesi

Farm #2
Maatila # 2

Animals	Eläimet
Barley	Ohra
Barn	Lato
Corn	Maissi
Duck	Ankka
Farmer	Viljelijä
Food	Ruoka
Fruit	Hedelmä
Irrigation	Kastelu
Lamb	Karitsa
Llama	Laama
Meadow	Niitty
Milk	Maito
Orchard	Hedelmätarha
Sheep	Lammas
Shepherd	Paimen
Tractor	Traktori
Vegetable	Vihannes
Wheat	Vehnä
Windmill	Tuulimylly

Fashion
Muoti

Affordable	Edullinen
Boutique	Boutique
Buttons	Painikkeet
Clothing	Vaate
Comfortable	Mukava
Elegant	Tyylikäs
Embroidery	Broderi
Expensive	Kallis
Fabric	Kangas
Lace	Pitsi
Measurements	Mitat
Modern	Moderni
Modest	Vaatimaton
Original	Alkuperäinen
Pattern	Kuvio
Practical	Praktisk
Sophisticated	Hienostunut
Style	Tyyli
Texture	Rakenne
Trend	Suuntaus

Flowers
Kukkia

Bouquet	Kimppu
Clover	Apila
Daisy	Päivänkakkara
Dandelion	Voikukka
Gardenia	Gardenia
Hibiscus	Hibiscus
Jasmine	Jasmiini
Lavender	Laventeli
Lilac	Liila
Lily	Lilja
Magnolia	Magnolia
Orchid	Orkidea
Peony	Pioni
Petal	Terälehti
Plumeria	Plumeria
Poppy	Unikko
Rose	Ruusu
Sunflower	Auringonkukka
Tulip	Tulppaani

Food #1
Ruoka #1

Apricot	Aprikoosi
Barley	Ohra
Basil	Basilika
Carrot	Porkkana
Cinnamon	Kaneli
Garlic	Valkosipuli
Juice	Mehu
Lemon	Sitruuna
Milk	Maito
Onion	Sipuli
Peanut	Maapähkinä
Pear	Päärynä
Salad	Salaatti
Salt	Suola
Soup	Suppe
Spinach	Pinaatti
Strawberry	Mansikka
Sugar	Sokeri
Tuna	Tunfisk
Turnip	Nauris

Food #2
Ruoka #2

Apple	Omena
Artichoke	Artisokka
Banana	Banaani
Broccoli	Parsakaali
Celery	Selleri
Cheese	Juusto
Cherry	Kirsikka
Chicken	Kana
Chocolate	Suklaa
Egg	Muna
Eggplant	Munakoiso
Fish	Kala
Grape	Rypäle
Ham	Kinkku
Kiwi	Kiivi
Mushroom	Sieni
Rice	Riisi
Tomato	Tomaatti
Wheat	Vehnä
Yogurt	Jogurtti

Force and Gravity
Voima ja Painovoima

Axis	Akseli
Center	Keskusta
Discovery	Löytö
Distance	Etäisyys
Dynamic	Dynaaminen
Expansion	Laajennus
Friction	Kitka
Impact	Vaikutus
Magnetism	Magnetismi
Magnitude	Suuruus
Mechanics	Mekaniikka
Momentum	Vauhti
Motion	Liike
Physics	Fysiikka
Pressure	Paine
Properties	Kiinteistö
Speed	Nopeus
Time	Aika
Universal	Yleistä
Weight	Paino

Fruit
Hedelmä

Apple	Omena
Apricot	Aprikoosi
Avocado	Avokado
Banana	Banaani
Berry	Marja
Cherry	Kirsikka
Coconut	Kokosnøtt
Fig	Viikuna
Grape	Rypäle
Guava	Guava
Kiwi	Kiivi
Lemon	Sitruuna
Mango	Mango
Melon	Meloni
Nectarine	Nektariini
Orange	Oranssi
Peach	Persikka
Pear	Päärynä
Pineapple	Ananas
Raspberry	Vadelma

Garden
Puutarha

Bench	Penkki
Bush	Puska
Fence	Aita
Flower	Kukka
Garage	Autotalli
Garden	Puutarha
Grass	Ruoho
Hammock	Riippumatto
Hose	Letku
Lawn	Nurmikko
Orchard	Hedelmätarha
Pond	Lampi
Porch	Kuisti
Rake	Rake
Shovel	Lapio
Soil	Maaperä
Terrace	Terassi
Trampoline	Trampoliini
Tree	Puu
Weeds	Ugress

Geography
Maantiede

Altitude	Korkeus
Atlas	Atlas
City	Kaupunki
Continent	Maanosa
Country	Maassa
Equator	Päiväntasaaja
Hemisphere	Halvkule
Island	Saari
Latitude	Leveysaste
Map	Kartta
Meridian	Meridiaani
Mountain	Vuori
North	Pohjoinen
Ocean	Valtameri
Region	Alue
River	Joki
Sea	Meri
South	Etelä
West	Länsi
World	Maailma

Geology

Geologia

Acid	Happo
Calcium	Kalsium
Cavern	Luola
Continent	Maanosa
Coral	Koralli
Crystals	Crystal
Cycles	Pyörät
Earthquake	Maanjäristys
Erosion	Eroosio
Fossil	Fossiili
Geyser	Geysir
Lava	Lava
Layer	Kerros
Minerals	Mineraali
Plateau	Tasanko
Quartz	Kvartsi
Salt	Suola
Stalactite	Stalactite
Stone	Kivi
Volcano	Volcano

Geometry

Geometria

Angle	Kulma
Calculation	Laskeminen
Circle	Ympyrä
Curve	Käyrä
Diameter	Halkaisija
Dimension	Ulottuvuus
Equation	Yhtälö
Height	Korkeus
Horizontal	Vaaka
Logic	Logiikka
Mass	Massa
Median	Mediaani
Number	Numero
Parallel	Rinnakkainen
Proportion	Osa
Segment	Segmentti
Surface	Pinta
Symmetry	Symmetria
Theory	Teoria
Triangle	Kolmio

Global Warming

Maapallon Lämpeneminen

Arctic	Arktinen
Attention	Huomio
Climate	Ilmasto
Crisis	Kriisi
Data	Tiedot
Development	Kehitys
Energy	Energia
Environmental	Ympäristö
Future	Tulevaisuus
Gas	Kaasu
Generations	Sukupolvi
Government	Hallitus
Industry	Industri
Legislation	Lainsäädäntö
Now	Nyt
Populations	Väestö
Scientist	Tiedemies
Significant	Merkittävä
Temperatures	Lämpötilat

Government

Hallitus

Citizenship	Kansalaisuus
Civil	Siviili-
Constitution	Konstitusjon
Democracy	Demokratia
Discussion	Keskustelu
District	Piiri
Equality	Tasa-Arvo
Judicial	Rettslig
Justice	Oikeus
Law	Laki
Leader	Johtaja
Liberty	Vapaus
Monument	Monumentti
Nation	Kansakunta
National	Kansallinen
Peaceful	Rauhallinen
Politics	Politiikka
Speech	Puhe
State	Valtio
Symbol	Symboli

Hair Types

Hiusten Tyypit

Bald	Kalju
Black	Musta
Blond	Vaalea
Braided	Punottu
Braids	Punos
Brown	Ruskea
Colored	Värillinen
Curls	Kiharat
Curly	Kihara
Dry	Kuiva
Gray	Harmaa
Healthy	Terve
Long	Pitkä
Shiny	Kiiltävä
Short	Lyhyt
Soft	Pehmeä
Thick	Paksu
Thin	Ohut
Wavy	Aaltoileva
White	Valkoinen

Health and Wellness #1

Terveys ja Hyvinvointi #1

Active	Aktiivinen
Bacteria	Bakteerit
Bones	Luut
Clinic	Klinikka
Doctor	Lääkäri
Fracture	Murtuma
Habit	Tottumus
Height	Korkeus
Hunger	Nälkä
Injury	Vamma
Medicine	Lääke
Muscles	Lihakset
Nerves	Hermot
Pharmacy	Apteekki
Reflex	Refleksi
Relaxation	Rentoutuminen
Skin	Iho
Therapy	Terapia
Treatment	Hoito
Virus	Virus

Health and Wellness #2
Terveys ja Hyvinvointi #2

Allergy	Allergia
Anatomy	Anatomia
Appetite	Ruokahalu
Blood	Veri
Calorie	Kalori
Dehydration	Kuvaus
Diet	Ruokavalio
Disease	Sairaus
Energy	Energia
Genetics	Genetiikka
Healthy	Terve
Hospital	Sairaala
Hygiene	Hygienia
Infection	Infektio
Massage	Hieronta
Nutrition	Ravitsemus
Recovery	Elpyminen
Stress	Stressi
Vitamin	Vitamiini
Weight	Paino

Herbalism
Herbalismi

Aromatic	Aromaattinen
Basil	Basilika
Beneficial	Hyödyllinen
Culinary	Kulinaarinen
Fennel	Fenkoli
Flavor	Maku
Flower	Kukka
Garden	Puutarha
Garlic	Valkosipuli
Green	Vihreä
Ingredient	Ainesosa
Lavender	Laventeli
Marjoram	Meirami
Mint	Minttu
Oregano	Oregano
Parsley	Persilja
Plant	Kasvi
Rosemary	Rosmariini
Saffron	Maustesahrami
Tarragon	Rakuuna

Hiking
Patikointi

Animals	Eläimet
Boots	Saappaat
Camping	Camping
Cliff	Kallio
Climate	Ilmasto
Hazards	Vaarat
Heavy	Raskas
Map	Kartta
Mountain	Vuori
Nature	Luonto
Orientation	Suunta
Parks	Puistot
Stones	Kivi
Summit	Kokous
Sun	Aurinko
Tired	Väsynyt
Water	Vesi
Weather	Sää
Wild	Villi

House
Talo

Attic	Ullakko
Broom	Luuta
Curtains	Verhot
Door	Ovi
Fence	Aita
Fireplace	Takka
Floor	Lattia
Furniture	Huonekalu
Garage	Autotalli
Garden	Puutarha
Keys	Nøkler
Kitchen	Keittiö
Lamp	Lamppu
Library	Kirjasto
Mirror	Peili
Roof	Katto
Room	Huone
Shower	Suihku
Wall	Seinä
Window	Ikkuna

Human Body
Ihmiskehon

Ankle	Nilkka
Blood	Veri
Bones	Luut
Brain	Aivot
Chin	Leuka
Ear	Korva
Elbow	Kyynärpää
Face	Kasvot
Finger	Sormi
Hand	Käsi
Head	Pää
Heart	Sydän
Knee	Polvi
Leg	Jalka
Lips	Huulet
Mouth	Suu
Neck	Kaula
Nose	Nenä
Shoulder	Olkapää
Skin	Iho

Immigration
Maahanmuuttovirasto

Administration	Hallinto
Adults	Aikuiset
Approval	Hyväksyntä
Borders	Raja
Children	Lapset
Communication	Viestintä
Deadline	Takaraja
Documents	Asiakirja
Funding	Rahoitus
Housing	Asuminen
Language	Kieli
Law	Laki
Negotiation	Neuvottelu
Officer	Upseeri
Process	Prosessi
Protection	Suojelu
Situation	Tilanne
Solution	Ratkaisu
Stress	Stressi

Insects
Hyönteiset

Ant	Muurahainen
Aphid	Kirva
Bee	Mehiläinen
Butterfly	Perhonen
Cicada	Cicada
Cockroach	Torakka
Dragonfly	Sudenkorento
Flea	Kirppu
Grasshopper	Heinäsirkka
Hornet	Hornet
Ladybug	Leppäkerttu
Larva	Toukka
Locust	Gresshoppe
Mantis	Sirkka
Mosquito	Hyttynen
Moth	Koi
Termite	Termiitti
Wasp	Ampiainen
Worm	Mato

Jazz
Jazz

Album	Albumi
Artist	Taiteilija
Composer	Säveltäjä
Composition	Koostumus
Concert	Konsertti
Drums	Rummut
Emphasis	Painotus
Famous	Kuuluisa
Favorites	Suosikit
Genre	Laji
Improvisation	Improvisaatio
Music	Musiikki
New	Uusi
Old	Vanha
Orchestra	Orkesteri
Rhythm	Rytmi
Song	Laulu
Style	Tyyli
Talent	Kyky
Technique	Tekniikka

Kitchen
Keittiö

Apron	Esiliina
Bowl	Kulho
Chopsticks	Syömäpuikot
Cups	Kupit
Food	Ruoka
Forks	Gafler
Freezer	Pakastin
Grill	Grilli
Jar	Purkki
Jug	Kannu
Kettle	Kattila
Knives	Veitset
Napkin	Lautasliina
Oven	Uuni
Recipe	Resepti
Refrigerator	Jääkaappi
Spices	Mausteet
Sponge	Sieni
Spoons	Lusikat
To Eat	Syödä

Landscapes
Maisemat

Beach	Ranta
Cave	Luola
Desert	Aavikko
Geyser	Geysir
Glacier	Jäätikkö
Hill	Mäki
Iceberg	Jäävuori
Island	Saari
Lake	Järvi
Mountain	Vuori
Oasis	Keidas
Ocean	Valtameri
Peninsula	Niemimaa
River	Joki
Sea	Meri
Swamp	Suo
Tundra	Tundra
Valley	Laakso
Volcano	Volcano
Waterfall	Vesiputous

Literature
Kirjallisuus

Analogy	Analogia
Analysis	Analyysi
Anecdote	Anekdootti
Author	Tekijä
Biography	Elämäkerta
Comparison	Vertailu
Conclusion	Päätelmä
Description	Kuvaus
Dialogue	Dialog
Fiction	Fiktiota
Metaphor	Metafora
Narrator	Kertoja
Novel	Romaani
Poem	Runo
Poetic	Runollinen
Rhyme	Loppusointu
Rhythm	Rytmi
Style	Tyyli
Theme	Teema
Tragedy	Tragedia

Mammals
Merinisäkkäiden

Bear	Karhu
Bull	Härkä
Camel	Kameli
Cat	Kissa
Coyote	Kojootti
Dog	Koira
Dolphin	Delfiini
Elephant	Norsu
Fox	Kettu
Giraffe	Kirahvi
Gorilla	Gorilla
Horse	Hevonen
Kangaroo	Kenguru
Lion	Leijona
Monkey	Apina
Rabbit	Kani
Sheep	Lammas
Whale	Valas
Wolf	Susi
Zebra	Seepra

Math
Matematiikka

Angles	Kulmat
Arithmetic	Aritmeettinen
Circumference	Ympärysmitta
Decimal	Desimaali
Diameter	Halkaisija
Equation	Yhtälö
Exponent	Eksponentti
Fraction	Jae
Geometry	Geometria
Numbers	Numero
Parallel	Rinnakkainen
Parallelogram	Suunnikas
Perimeter	Kehä
Polygon	Monikulmio
Radius	Säde
Rectangle	Suorakulmio
Square	Neliö
Symmetry	Symmetria
Triangle	Kolmio
Volume	Tilavuus

Measurements
Mittaus

Byte	Tavu
Centimeter	Senttimetri
Decimal	Desimaali
Degree	Aste
Depth	Syvyys
Gram	Gramma
Height	Korkeus
Inch	Tuuma
Kilogram	Kilogramma
Kilometer	Kilometri
Length	Pituus
Liter	Litra
Mass	Massa
Meter	Mittari
Minute	Minuutti
Ounce	Unssi
Ton	Tonni
Volume	Tilavuus
Weight	Paino
Width	Leveys

Meditation
Meditaatio

Acceptance	Hyväksyminen
Attention	Huomio
Awake	Hereillä
Breathing	Hengitys
Calm	Rauhallinen
Clarity	Selkeys
Compassion	Myötätunto
Emotions	Tunne
Gratitude	Kiitollisuus
Kindness	Ystävällisyys
Mental	Henkistä
Mind	Mieli
Movement	Liike
Music	Musiikki
Nature	Luonto
Peace	Rauha
Perspective	Näkökulma
Silence	Hiljaisuus
Thoughts	Ajatuksia
To Learn	Oppia

Music
Musiikki

Album	Albumi
Ballad	Balladi
Chorus	Kertosäe
Classical	Klassinen
Eclectic	Eklektinen
Harmonic	Harmoninen
Harmony	Harmonia
Lyrical	Lyyrinen
Melody	Melodia
Microphone	Mikrofoni
Musical	Musiikki
Musician	Muusikko
Opera	Ooppera
Poetic	Runollinen
Recording	Äänite
Rhythm	Rytmi
Rhythmic	Rytminen
Sing	Laulaa
Singer	Laulaja
Vocal	Laulu

Musical Instruments
Soittimet

Banjo	Banjo
Bassoon	Fagotti
Cello	Sello
Clarinet	Klarinetti
Drum	Rumpu
Flute	Huilu
Gong	Gong
Guitar	Kitara
Harmonica	Huuliharppu
Harp	Harppu
Mandolin	Mandoliini
Marimba	Marimba
Oboe	Oboe
Piano	Piano
Saxophone	Saksofoni
Tambourine	Tamburiini
Trombone	Pasuuna
Trumpet	Trumpetti
Violin	Viulu

Mythology
Mytologia

Archetype	Arketype
Beliefs	Uskomukset
Creation	Luominen
Creature	Olento
Culture	Kulttuuri
Deities	Jumalat
Disaster	Katastrofi
Heaven	Taivas
Hero	Sankari
Heroine	Sankaritar
Jealousy	Kateus
Labyrinth	Labyrintti
Legend	Legenda
Lightning	Salama
Monster	Hirviö
Mortal	Kuolevainen
Revenge	Kosto
Strength	Vahvuus
Thunder	Ukkonen
Warrior	Soturi

Nature
Luonto

Animals	Eläimet
Arctic	Arktinen
Beauty	Kauneus
Bees	Mehiläinen
Cliffs	Kallio
Clouds	Pilvi
Desert	Aavikko
Dynamic	Dynaaminen
Erosion	Eroosio
Fog	Sumu
Foliage	Lehtien
Forest	Metsä
Glacier	Jäätikkö
Mountains	Vuoret
Peaceful	Rauhallinen
River	Joki
Sanctuary	Pyhäkkö
Tropical	Trooppinen
Vital	Tärkeä
Wild	Villi

Numbers
Numerot

Decimal	Desimaali
Eight	Kahdeksan
Fifteen	Viisitoista
Five	Viisi
Four	Neljä
Fourteen	Neljätoista
Math	Matematiikka
Nine	Yhdeksän
One	Yksi
Seven	Seitsemän
Six	Kuusi
Sixteen	Kuusitoista
Ten	Kymmenen
Thirteen	Kolmetoista
Three	Kolme
Twelve	Kaksitoista
Twenty	Kaksikymmentä
Two	Kaksi
Zero	Nolla

Nutrition
Ravitsemus

Appetite	Ruokahalu
Balanced	Tasapainoinen
Bitter	Katkera
Calories	Kalori
Carbohydrates	Karbohydrater
Diet	Ruokavalio
Digestion	Ruoansulatus
Edible	Syötävä
Fermentation	Käyminen
Flavor	Maku
Health	Terveys
Healthy	Terve
Liquids	Nesteet
Nutrient	Næringsstoff
Proteins	Proteiini
Quality	Laatu
Sauce	Kastike
Toxin	Myrkky
Vitamin	Vitamiini
Weight	Paino

Ocean
Valtameri

Algae	Levät
Coral	Koralli
Crab	Rapu
Dolphin	Delfiini
Eel	Ankerias
Fish	Kala
Jellyfish	Manet
Octopus	Mustekala
Oyster	Osteri
Reef	Riutta
Salt	Suola
Seaweed	Merilevä
Shark	Hai
Shrimp	Katkaravut
Sponge	Sieni
Storm	Myrsky
Tides	Tidevann
Tuna	Tunfisk
Turtle	Kilpikonna
Whale	Valas

Photography
Valokuvaus

Black	Musta
Camera	Kamera
Color	Väri
Composition	Koostumus
Contrast	Kontrasti
Darkness	Pimeys
Definition	Määritelmä
Exhibition	Näyttely
Format	Muoto
Frame	Kehys
Lighting	Valaistus
Object	Esine
Perspective	Näkökulma
Portrait	Muotokuva
Shadows	Varjo
Soften	Pehmentää
Subject	Aihe
Texture	Rakenne
Visual	Visuaalinen

Physics
Fysiikka

Acceleration	Kiihdytys
Atom	Atomi
Chaos	Kaaos
Chemical	Kemiallinen
Density	Tiheys
Electron	Elektroni
Engine	Moottori
Expansion	Laajennus
Formula	Kaava
Frequency	Taajuus
Gas	Kaasu
Magnetism	Magnetismi
Mass	Massa
Mechanics	Mekaniikka
Molecule	Molekyyli
Nuclear	Ydin
Particle	Hiukkanen
Relativity	Suhteellisuus
Universal	Yleistä
Velocity	Nopeus

Plants
Kasveja

Bamboo	Bambu
Bean	Papu
Berry	Marja
Botany	Kasvitiede
Bush	Puska
Cactus	Kaktus
Fertilizer	Lannoite
Flora	Kasvisto
Flower	Kukka
Foliage	Lehtien
Forest	Metsä
Garden	Puutarha
Grass	Ruoho
Ivy	Muratti
Moss	Sammal
Petal	Terälehti
Root	Juuri
Stem	Varsi
Tree	Puu
Vegetation	Kasvillisuus

Professions #1
Ammatit nro 1

Attorney	Asianajaja
Banker	Pankkiiri
Cartographer	Kartografi
Coach	Valmentaja
Dancer	Tanssija
Doctor	Lääkäri
Editor	Redaktør
Firefighter	Palomies
Geologist	Geologi
Hunter	Metsästäjä
Jeweler	Kultaseppä
Lawyer	Lakimies
Musician	Muusikko
Nurse	Hoitaja
Pianist	Pianisti
Plumber	Putkimies
Psychologist	Psykologi
Sailor	Merimies
Tailor	Räätälöidä
Veterinarian	Eläinlääkäri

Professions #2
Ammatit #2

Astronaut	Astronautti
Biologist	Biologi
Chemist	Kemisti
Dentist	Hammaslääkäri
Detective	Etsivä
Engineer	Insinööri
Farmer	Viljelijä
Gardener	Puutarhuri
Illustrator	Kuvittaja
Inventor	Keksijä
Journalist	Toimittaja
Painter	Taidemaalari
Philosopher	Filosofi
Photographer	Valokuvaaja
Physician	Lääkäri
Pilot	Pilotti
Professor	Professori
Researcher	Tutkija
Surgeon	Kirurgi
Teacher	Opettaja

Restaurant #1
Ravintola nro 1

Allergy	Allergia
Bowl	Kulho
Bread	Leipä
Chicken	Kana
Coffee	Kahvi
Dessert	Jälkiruoka
Food	Ruoka
Ingredients	Aine
Kitchen	Keittiö
Knife	Veitsi
Meat	Liha
Menu	Valikko
Napkin	Lautasliina
Plate	Levy
Reservation	Varaus
Sauce	Kastike
Spicy	Mausteinen
To Eat	Syödä
Waitress	Tarjoilija

Restaurant #2
Ravintola nro 2

Beverage	Juoma
Cake	Kakku
Chair	Tuoli
Delicious	Herkullinen
Dinner	Illallinen
Eggs	Munat
Fish	Kala
Fork	Haarukka
Fruit	Hedelmä
Ice	Jään
Lunch	Lounas
Noodles	Nuudelit
Salad	Salaatti
Salt	Suola
Soup	Suppe
Spices	Mausteet
Spoon	Lusikka
Vegetables	Vihannes
Waiter	Tarjoilija
Water	Vesi

Science
Tiede

Atom	Atomi
Chemical	Kemiallinen
Climate	Ilmasto
Data	Tiedot
Evolution	Evoluutio
Experiment	Koe
Fact	Tosiasia
Fossil	Fossiili
Gravity	Painovoima
Hypothesis	Hypoteesi
Laboratory	Laboratorio
Method	Menetelmä
Minerals	Mineraali
Molecules	Molekyyli
Nature	Luonto
Organism	Organismi
Particles	Hiukset
Physics	Fysiikka
Plants	Kasvit
Scientist	Tiedemies

Science Fiction
Tieteiskirjallisuus

Books	Kirjat
Chemicals	Kemikaalit
Cinema	Elokuva
Distant	Kaukainen
Dystopia	Dystopia
Explosion	Räjähdys
Extreme	Äärimmäinen
Fantastic	Fantastinen
Fire	Antaa Potkut
Futuristic	Futuristinen
Galaxy	Galaksi
Illusion	Illuusio
Mysterious	Salaperäinen
Novels	Romaaneja
Oracle	Oraakkeli
Planet	Planeetta
Robots	Robotti
Technology	Teknologia
Utopia	Utopia
World	Maailma

Scientific Disciplines
Tieteelliset Alat

Anatomy	Anatomia
Archaeology	Arkeologia
Astronomy	Tähtitiede
Biochemistry	Biokemia
Biology	Biologia
Botany	Kasvitiede
Chemistry	Kemia
Ecology	Ekologia
Geology	Geologia
Immunology	Immunologia
Kinesiology	Kinesiologia
Linguistics	Kielitiede
Mechanics	Mekaniikka
Meteorology	Meteorologia
Mineralogy	Mineralogia
Neurology	Neurologia
Physiology	Fysiologia
Psychology	Psykologia
Sociology	Sosiologia
Zoology	Eläintiede

Shapes
Muodot

Arc	Kaari
Circle	Ympyrä
Cone	Kartio
Corner	Kulma
Cube	Kuutio
Curve	Käyrä
Cylinder	Sylinteri
Edges	Reunat
Ellipse	Ellipsi
Hyperbola	Hyperbeli
Line	Linja
Oval	Soikea
Polygon	Monikulmio
Prism	Prisma
Pyramid	Pyramidi
Rectangle	Suorakulmio
Side	Side
Square	Neliö
Triangle	Kolmio

Spices
Mausteita

Anise	Anis
Bitter	Katkera
Cardamom	Kardemumma
Cinnamon	Kaneli
Clove	Kynsi
Coriander	Korianteri
Cumin	Kumina
Curry	Curry
Fennel	Fenkoli
Flavor	Maku
Garlic	Valkosipuli
Ginger	Inkivääri
Licorice	Lakritsi
Onion	Sipuli
Paprika	Paprika
Pepper	Pippuri
Saffron	Maustesahrami
Salt	Suola
Sweet	Makea
Vanilla	Vanilja

Sport
Urheilu

Ability	Kyky
Athlete	Urheilija
Body	Keho
Bones	Luut
Cardiovascular	Sydän
Coach	Valmentaja
Cycling	Pyöräily
Dancing	Tanssit
Diet	Ruokavalio
Endurance	Kestävyys
Goal	Tavoite
Health	Terveys
Jogging	Hölkkä
Maximize	Maksimoida
Muscles	Lihakset
Nutrition	Ravitsemus
Program	Ohjelmoida
Sports	Urheilu
Strength	Vahvuus
Stretching	Venyttely

Technology
Teknologia

Blog	Blogi
Browser	Selain
Bytes	Tavua
Camera	Kamera
Computer	Tietokone
Cursor	Kursori
Data	Tiedot
Digital	Digitaalinen
File	Tiedosto
Font	Fontti
Internet	Internet
Message	Viesti
Research	Tutkimus
Screen	Näyttö
Security	Turvallisuus
Software	Ohjelmisto
Statistics	Tilastot
Virtual	Virtuaalinen
Virus	Virus

The Media
Media

Attitudes	Asenteet
Commercial	Kaupallinen
Communication	Viestintä
Digital	Digitaalinen
Edition	Painos
Education	Koulutus
Facts	Fakta
Funding	Rahoitus
Individual	Yksilö
Industry	Industri
Intellectual	Älyllinen
Local	Paikallinen
Network	Verkko
Newspapers	Sanomalehti
Online	Verkossa
Opinion	Lausunto
Photos	Kuvat
Public	Julkinen
Radio	Radio
Television	Televisio

Time
Aika

Before	Ennen
Calendar	Kalenteri
Century	Vuosisata
Clock	Kello
Day	Päivä
Decade	Vuosikymmen
Early	Aikainen
Future	Tulevaisuus
Hour	Tunnin
Minute	Minuutti
Month	Kuukausi
Morning	Aamu
Night	Yö
Noon	Keskipäivä
Now	Nyt
Soon	Pian
Today	Tänään
Week	Viikko
Year	Vuosi
Yesterday	Eilen

Town
Kaupunki

Airport	Lufthavn
Bakery	Leipomo
Bank	Pankki
Bookstore	Kirjakauppa
Cafe	Kahvila
Cinema	Elokuva
Clinic	Klinikka
Gallery	Galleria
Hotel	Hotelli
Library	Kirjasto
Market	Markkina
Museum	Museo
Pharmacy	Apteekki
School	Koulu
Stadium	Stadion
Store	Kauppa
Supermarket	Supermarket
Theater	Teatteri
University	Yliopisto
Zoo	Eläintarha

Universe
Maailmankaikkeus

Asteroid	Asteroidi
Astronomy	Tähtitiede
Atmosphere	Ilmainen
Celestial	Taivaallinen
Cosmic	Kosminen
Darkness	Pimeys
Eon	Eon
Equator	Päiväntasaaja
Galaxy	Galaksi
Hemisphere	Halvkule
Horizon	Horisontti
Latitude	Leveysaste
Longitude	Pituusaste
Moon	Kuu
Sky	Taivas
Solar	Aurinko
Solstice	Päivänseisaus
Telescope	Kaukoputki
Visible	Näkyvä
Zodiac	Zodiakki

Vacation #2
Loma #2

Airport	Lufthavn
Beach	Ranta
Camping	Camping
Destination	Kohde
Foreign	Ulkomainen
Foreigner	Ulkomaalainen
Holiday	Loma
Hotel	Hotelli
Island	Saari
Journey	Matka
Leisure	Vapaa
Map	Kartta
Mountains	Vuoret
Passport	Passi
Sea	Meri
Taxi	Taksi
Tent	Teltta
Train	Kouluttaa
Transportation	Kuljetus
Visa	Viisumi

Vegetables
Vihannekset

Artichoke	Artisokka
Broccoli	Parsakaali
Carrot	Porkkana
Cauliflower	Kukkakaali
Celery	Selleri
Cucumber	Kurkku
Eggplant	Munakoiso
Garlic	Valkosipuli
Ginger	Inkivääri
Mushroom	Sieni
Onion	Sipuli
Parsley	Persilja
Pea	Herne
Pumpkin	Kurpitsa
Radish	Retiisi
Salad	Salaatti
Shallot	Salottisipuli
Spinach	Pinaatti
Tomato	Tomaatti
Turnip	Nauris

Vehicles

Ajoneuvot

Airplane	Lentokone
Ambulance	Ambulanssi
Bicycle	Polkupyörä
Boat	Vene
Bus	Bussi
Car	Auto
Ferry	Lautta
Helicopter	Helikopteri
Motor	Moottori
Rocket	Raketti
Scooter	Scooter
Shuttle	Sukkula
Submarine	Sukellusvene
Subway	Metro
Taxi	Taksi
Tires	Renkaat
Tractor	Traktori
Train	Kouluttaa
Truck	Kuka
Van	Varebil

Visual Arts

Kuvataide

Architecture	Arkkitehtuuri
Artist	Taiteilija
Ceramics	Keramiikka
Chalk	Liitu
Clay	Savi
Composition	Koostumus
Creativity	Luovuus
Easel	Maalausteline
Film	Elokuva
Masterpiece	Mestariteos
Painting	Maalaus
Pen	Kynä
Pencil	Lyijykynä
Perspective	Näkökulma
Photograph	Valokuva
Portrait	Muotokuva
Sculpture	Veistos
Varnish	Lakka
Wax	Parafiini

Water

Vesi

Canal	Kanava
Damp	Kostea
Evaporation	Haihtuminen
Flood	Tulva
Frost	Pakkanen
Geyser	Geysir
Hurricane	Hurrikaani
Ice	Jään
Irrigation	Kastelu
Lake	Järvi
Moisture	Kosteus
Monsoon	Monsuuni
Ocean	Valtameri
Rain	Sade
River	Joki
Shower	Suihku
Snow	Lumi
Steam	Höyry
Waves	Aalto

Weather

Sää

Atmosphere	Ilmainen
Calm	Rauhallinen
Climate	Ilmasto
Cloud	Pilvi
Drought	Kuivuus
Dry	Kuiva
Fog	Sumu
Hurricane	Hurrikaani
Ice	Jään
Lightning	Salama
Monsoon	Monsuuni
Polar	Polar
Rainbow	Sateenkaari
Sky	Taivas
Storm	Myrsky
Temperature	Lämpötila
Thunder	Ukkonen
Tornado	Tornado
Tropical	Trooppinen
Wind	Tuuli

Congratulations

You made it!

We hope you enjoyed this book as much as we enjoyed making it. We do our best to make high quality games.
These puzzles are designed in a clever way for you to learn actively while having fun!

Did you love them?

A Simple Request

Our books exist thanks your reviews. Could you help us by leaving one now?

Here is a short link which will take you to your order review page:

BestBooksActivity.com/Review50

MONSTER CHALLENGE!

Challenge #1

Ready for Your Bonus Game? We use them all the time but they are not so easy to find. Here are **Synonyms**!

Note 5 words you discovered in each of the Puzzles noted below (#21, #36, #76) and try to find 2 synonyms for each word.

Note 5 Words from ***Puzzle 21***

Words	Synonym 1	Synonym 2

Note 5 Words from ***Puzzle 36***

Words	Synonym 1	Synonym 2

Note 5 Words from ***Puzzle 76***

Words	Synonym 1	Synonym 2

Challenge #2

Now that you are warmed-up, note 5 words you discovered in each Puzzle noted below (#9, #17, #25) and try to find 2 antonyms for each word. How many lines can you do in 20 minutes?

Note 5 Words from ***Puzzle 9***

Words	Antonym 1	Antonym 2

Note 5 Words from ***Puzzle 17***

Words	Antonym 1	Antonym 2

Note 5 Words from ***Puzzle 25***

Words	Antonym 1	Antonym 2

Challenge #3

Wonderful, this monster  challenge is nothing to you!

Ready for the last one? Choose your 10 favorite words discovered in any of the Puzzles and note them below.

1.	6.
2.	7.
3.	8.
4.	9.
5.	10.

Now, using these words and within a maximum of six sentences, your challenge is to compose a text about a person, animal or place that you love!

Tip: You can use the last blank page of this book as a draft!

Your Writing:

NOTEBOOK:

SEE YOU SOON!

Linguas Classics Team

www.ingramcontent.com/pod-product-compliance
Lightning Source LLC
LaVergne TN
LVHW060316080526
838202LV00053B/4344